곽민수의
다시 만난
고대문명 (이집트)

EBS 제작팀 기획 | 곽민수 지음

YoungJin.com Y.
영진닷컴

곽민수의
다시 만난 고대문명(이집트)

ISBN 978-89-314-8108-2

독자님의 의견을 받습니다.
이 책을 구입한 독자님은 영진닷컴의 가장 중요한 비평가이자 조언가입니다. 저희 책의 장점과 문제점이
무엇인지, 어떤 책이 출판되기를 바라는지, 책을 더욱 알차게 꾸밀 수 있는 아이디어가 있으면 팩스나 이
메일, 또는 우편으로 연락주시기 바랍니다. 의견을 주실 때에는 책 제목 및 독자님의 성함과 연락처(전화
번호나 이메일)를 꼭 남겨주시기 바랍니다. 독자님의 의견에 대해 바로 답변을 드리고, 또 독자님의 의견
을 다음 책에 충분히 반영하도록 늘 노력하겠습니다.

주 소 : (우)08512 서울특별시 금천구 디지털로9길 32 갑을그레이트밸리 B동 10층 (주)영진닷컴
이메일 : support@youngjin.com
※ 파본이나 잘못된 도서는 구입처에서 교환 및 환불해 드립니다.

STAFF

저자 곽민수 | **기획** EBS 제작팀 | **총괄** 김태경 | **진행** 한지수 | **디자인・편집** 강민정
영업 박준용, 임용수, 김도현, 이윤철 | **마케팅** 이승희, 김근주, 조민영, 김민지, 김진희, 이현아
제작 황장협 | **인쇄** 제이엠

일러두기

– 이 책은 EBS에서 방영된 〈나의 두 번째 교과서〉 시즌 2 방송으로 구성된 도서입니다.

– 이 책에 수록된 유물 및 유적 사진 중 별도의 저작권 표기가 없는 것은 모두 저자가 직접 촬영한 것입니다.

세계사 교과서를 떠올려 보면, 첫 장에서는 인류의 출현 이야기를 다루고, 이어서 문명의 발생을 간단히 소개합니다. 그런데 고대 이집트 문명은 보통 한두 쪽 정도로만 다뤄져서, 교과서를 통해서는 이 고대문명에 관해서 제대로 들여다보는 것이 쉽지가 않습니다. 그래서 이번 제 강의에서는 열 번에 걸친 여정을 통해, 고대 이집트 문명에 대하여 여러분과 함께 차근차근 살펴보려고 합니다.

고대 이집트라고 하면 아마 피라미드, 투탕카멘, 람세스, 클레오파트라, 미라와 같은 이미지가 먼저 떠오르실 겁니다. 이미 우리에게 익숙한 상징들이죠. 하지만 이 문명은 시간과 공간 모두 지금의 한국인들과 꽤 먼 곳에 있습니다. 수천 킬로미터 떨어진 이국의 땅, 수천 년 전으로 거슬러 올라가야 만날 수 있는 세계이기 때문입니다. 우리가 알고 있는 이미지 뒤에는, 상상 이상으로 깊고 넓은 이야기가 숨어있다는 뜻이기도 하죠.

이집트 문명은 기원전 약 3100년경에 시작되어, 무려 3500년 가까이 이어졌습니다. 문명이 시작되기 이전에는 '선왕조 시대'라고 불리는 시대가 있었고, 이후 이집트 전체가 하나의 국가로 통일되면서 본격적인 '왕조 시대'에 접어들게 됩니다. 우리가 흔히 떠올리는 피라미드와 신전, 화려한 장례문화가 등장하는 것은 바로 이 왕조 시대 동안이고, 이 시기를 일반적으로 '고대 이집트 문명 시대'라고 합니다. 이 시기에는 신들의 이야기와 인간의 삶이 벽화와 상형문자에 함께 새겨지고, 정치와 종교, 예술과 과학이 서로 얽히며 하나의 문명을 이루게 되었습니다.

그런데 왜, 우리는 고대 이집트의 역사를 알아야 할까요? 단순히 오래된 문명의 이야기가 아니라, 그 속에는 인간의 삶과 믿음, 사회구조와 문화가 압축되어 있기 때문입니다. 더 나아가, 고대 이집트 문명에 대한 공부는 오늘날 우리가 살아가는 세상과 생각의 뿌리를 이해하는 데에도 큰 도움이 됩니다.

저는 이번 강의에서 단순히 유적이나 유물 이야기를 나열하는 데 그치지 않고, 고대 이집트 사람들의 일상과 생각, 그리고 그들이 남긴 문화적 흔적을 여러분이 직접 느끼고 상상할 수 있도록 안내하려고 합니다.

여러분께서도 머나먼 시공간으로 여행을 떠나, 고대 이집트 사람들이 어떻게 살았고, 무엇을 믿었으며, 어떤 고민과 꿈을 품었는지 직접 느껴보는 경험이 되길 바랍니다. 눈앞에 펼쳐진 피라미드나 미라보다 더 흥미로운 건, 바로 그 뒤에 숨은 사람들의 삶과 이야기입니다. 그 속으로 들어가 시간과 공간을 넘어 고대 이집트의 세계를 함께 살펴보겠습니다.

목차

1강

고대문명, 그 빛나는 첫걸음

Orientation

왕조 시대, 우리가 흔히 '고대 이집트 문명'이라고 부르는 대부분의 시기들이 여기에 해당됩니다. 이 왕조 시대는 다시 여러 세부 시기로 나눌 수 있는데, 얼핏 보면 굉장히 복잡해 보일 수 있지만 나름의 규칙이 있습니다.

먼저 '왕국王國'이라는 이름이 붙은 시기들이 있습니다. 바로 고왕국, 중왕국, 신왕국입니다. 이 왕국 시대들은 이집트가 하나의 강력한 왕국으로 통일되어 있던 시기로, 여러분이 떠올리시는 고대 이집트의 대표적인 이미지들, 예를 들어 피라미드, 스핑크스, 파라오의 찬란한 문화 같은 것들은 모두 다 이 시기의 산물이죠. 이 시기의 이집트는 정치적으로 안정되어 있고 중앙집권체제가 확립되어 있었기 때문에, 이집트 사회가 보여줄 수 있는 문화적·정치적 역량이 최고조에 달할 수밖에 없었습니다. 이렇게 이집트가 통일되어 있던 시기를, 가장 이른 시기부터 순서대로 고古, 중中, 신新을 붙여서 고왕국, 중왕국, 신왕국이라고 부르는 것이죠.

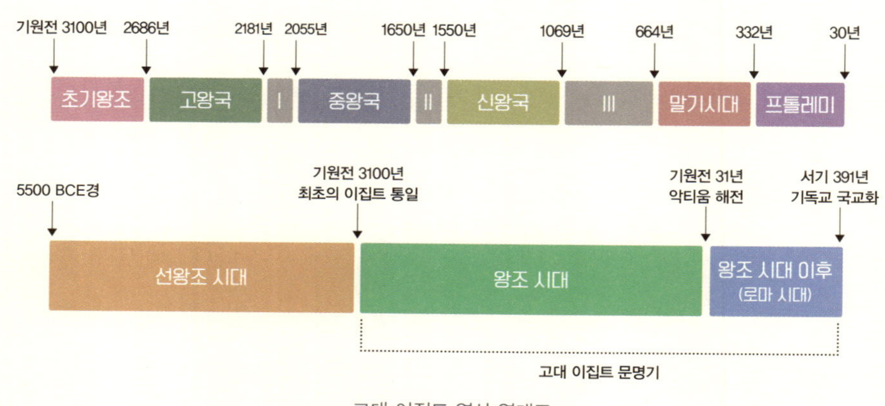

고대 이집트 역사 연대표

　그리고 이 고, 중, 신왕국 시대 사이사이에 중간기라고 불리는 시기가 있습니다. 위의 연표에서 로마숫자로 I, II, III라고 쓰여진 시기인데, 보통 제1중간기, 제2중간기, 제3중간기라고 부르죠. 이 중간기들은 이집트가 분열되어 여러 정치세력으로 나뉘어 있던 시기로, 중국 역사로 비유하자면 춘추전국시대와 비슷한 성격이라고 할 수 있습니다.

　자, 그리고 고왕국 시대 앞에는 초기 왕조 시대가 있습니다. 이 시기는 이집트가 이미 통일은 되어있었지만, 중앙집권화는 아직 완성되지 못했던 시대입니다. 즉, 이집트는 하나의 국가로 통일이 되어있기는 했지만, 아직 내적갈등이 존재하고 있었습니다. 이러한 갈등이 해소되고, 중앙집권체제가 확립되면서 비로소 고왕국 시대가 시작됐다고 이해하시면 됩니다. 여러분들이 알고 계시는 이집트의 피라미드들은 대부분 바로 이 고왕국 시대 동안에 만들어졌습니다.

그리고 중왕국, 신왕국 시대와 세 차례의 중간기를 지나면, '말기 시대' 혹은 '후기 왕조 시대'라고 불리는 시기가 찾아옵니다. 이 시기의 이집트는 여전히 통일국가였지만, 더 이상 근동 세계에서 가장 강력한 세력이 아니었습니다. 그 이전까지 이집트가 최강국으로서 막강한 영향력을 발휘했다고 한다면, 말기 시대에는 상황이 달라집니다. 메소포타미아Mesopotamia 지역에서 성장한 아시리아Assyria나 페르시아Persia 같은 제국들이 이집트를 침략한 것이죠. 즉, 통일은 유지되었으나 점차 외세의 침략을 받으면서 예전과 같은 패권을 갖지는 못하게 된 시기라고 보시면 됩니다. 이 말기 시대를 끝내고 새로운 전환점을 만든 인물이 바로 마케도니아 출신의 알렉산드로스Alexandros였습니다.

이집트는 아시리아, 페르시아와 같은 강대국의 침략을 받으면서 점차 쇠퇴했고, 결국 기원전 332년 알렉산드로스가 이집트로 들어오면서 그리스계 왕조인 프톨레마이오스Ptolemaios 왕조 시대를 맞게 됩니다. 이 왕조의 마지막 파라오가, 여러분들도 잘 알고 계시는 클레오파트라Cleopatra였죠. 클레오파트라 7세(재위 기원전 51~30년)는 이집트를 다시 강대국의 반열에 올리기 위해 노력했지만, 기원전 31년 악티움Actium 해전에서 로마에 패배하며 결국 이집트는 로마제국의 속주가 되었습니다. 하지만 그 이후에도 고대 이집트 문명의 전통과 문화는 계속 이어져 이집트는 약 3500년 동안 문명을 존속시킬 수 있었습니다. 고대 이집트 문명은 아주 오랜 기간 안정적으로 유지되었지만, 그래도 결국에는 최후의 순간이 찾아왔죠.

고대 이집트 문명의 마지막 순간

자, 그러면 이제 고대 이집트의 마지막 순간을 한번 살펴보죠. 대략 1600년 정도 전의 일인데, 고대 이집트의 역사 전체를 생각하면 사실 비교적 최근에 벌어진 일이라고 할 수 있습니다. 이집트 문명은 대략 5500년에서 5100년 전에 시작되었으니까요. 그만큼 이집트 문명은 오랫동안 존속되었습니다.

먼저 이집트 남부, 아스완Aswan으로 함께 가보시죠. 이곳은 전통적으로 고대 이집트 문명의 최남단 경계로 여겨졌던 지역입니다. 아스완에는 '필라에Philae'라는 작은 섬이 있는데, 나일강 한가운데에 자리 잡은 이 섬에는 이시스Isis 여신을 위해 지어진 신전이 있습니다. 이시스 여신, 들어보신 분도 계실 겁니다. 이집트 신화에서 가장 중요한 여신 중 하나로, 오시리스Osiris 신의 부인이자 여동생이고, 호루

오시리스와 호루스를 안고 있는 이시스(뉴욕 브루클린 박물관)

스Horus 신에게는 어머니이기도 합니다. 사랑과 모성, 그리고 마법과 관련된 신으로 여겨졌죠.

그런데 이 이시스 신전 한쪽 귀퉁이에는 조금은 엉성하게 쓰여진 글귀가 하나 있습니다. 학자들은 이를 '에스메트-아콤Esmet-Akhom의 낙서'라고 부르는데, 에스메트-아콤은 이 글을 쓴 사람의 이름입니다. 그는 바로 이 신전의 신관이었죠. 이 글귀는 '만둘리스Mandulis'라는 신을 위한 찬가입니다. 원래 이 만둘리스 신은 누비아Nubia 지역의 신으로, 이집트에서 전통적으로 믿던 신은 아니었습니다. 신왕국 시대 이후 누비아의 일부가 이집트화가 되었고, 그 과정에서 누비아 신들이 이집트 신화 체계 안으로 편입되면서, 만둘리스 신도 이집트 신전에 자리 잡게 된 것이죠.

이 비문이 중요한 것은 사실 내용보다는 쓰여진 날짜에 있습니다. 글귀가 쓰인 날은 서기 394년 8월 24일, 이집트 문명이 그 역사의 마지막 장에 다다른 시점이었죠. 이 글귀는 현재까지 알려진 고대 이집트의 신성문자들 가운데 가장 마지막에 쓰여진 것입니다. 에스메트-아콤의 낙서 이후 신성문자는 더 이상 쓰이지 않게 되었습니다.

신성문자는 서기 1822년, 프랑스 학자 장 프랑수아 샹폴리옹Jean-François Champollion에 의해 해독되기 전까지 1400년 넘게 완전히 잊힌 상태로 남아있었습니다. 그 이전에는 이 지구상 그 누구도 이 문자를 읽을 수 없었습니다. 문자가 한 문화를 이어가는 데 필수적인 도구라는 사실을 염두에 둔다면, 고대 이집트 문명은 서기 394년, 에스메트-아콤의 마지막 낙서가 기록되면서 사실상 역사 속에서 최후를 맞이했다고 할 수 있습니다. 물론 그 이전에도 이집트는 기원전 30년에

에스메트-아콤의 낙서(필라에 이시스 신전)

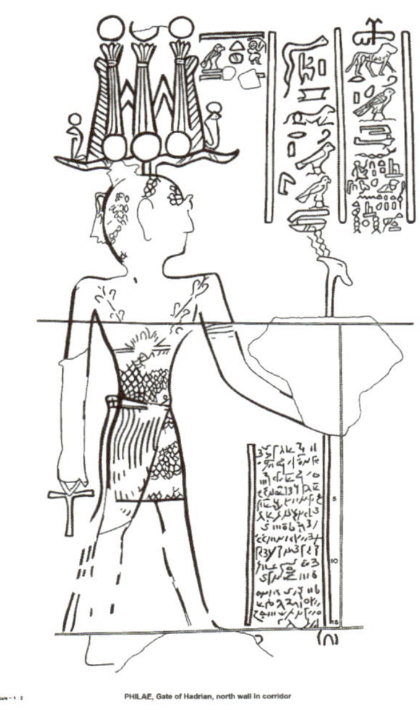

그림으로 옮긴 에스메트-아콤의 낙서

로마제국의 영토로 편입되면서 정치적으로 이미 많은 변화를 겪었습니다. 4000년이 넘는 긴 세월 동안 유지되어 온 이 굉장한 문명이 역사의 뒤안길로 사라진 이유는 무엇일까요? 연표를 보면 단서가 드러납니다. 고대 이집트 문명을 역사에서 퇴장시킨 결정적 요인은 로마제국에 의한 기독교의 국교화였습니다.

기원전 31년, 이집트는 당시 지중해 세계에서 떠오르던 패자覇者, 로마제국과 마지막 대결을 펼칩니다. 클레오파트라는 몰락해 가던 나라를 다시 강국으로 만들기 위해 마지막 승부수를 던졌지만, 그 노력은 최종적으로는 실패로 끝납니다. 클레오파트라와 안토니우스Antonius의 연합군이 옥타비아누스Octavianus가 이끄는 로마군과 맞붙은 악티움 해전이 바로 이 대결의 최종장입니다. 악티움 해전에서 이집트는 로마에 완전히 패배하며 독립 왕국으로서의 위치를 상실하게 된 것이죠. 결국 이집트는 로마제국의 속주로 편입됩니다.

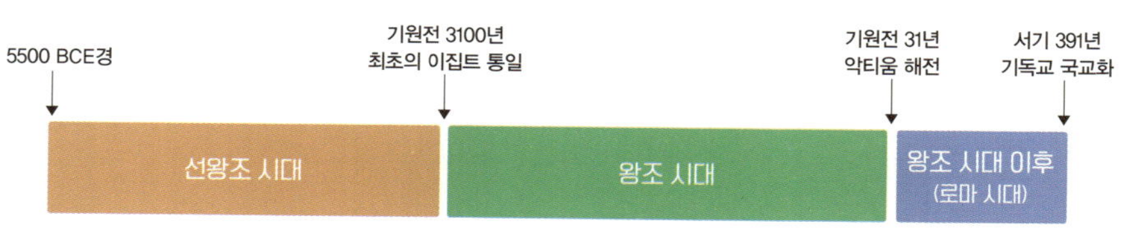

고대 이집트 역사 연대표

그리고 전쟁에서 패한 클레오파트라도 결국 죽음을 맞이하게 되죠. 이로써 이집트 프톨레마이오스 왕조는 완전히 멸망하게 됩니다. 정치적으로 보자면, 이 순간이 바로 고대 이집트 문명의 마지막 순간이었

〈악티움 해전, 기원전 31년 9월 2일〉(1672), 로레이스 아 카스트로

〈클레오파트라〉(1881), 후안 루나

습니다. 더 이상 이집트에 독립된 왕국은 존재하지 않았으니까요. 하지만 문화적으로는 다릅니다. 로마제국의 영토로 편입된 이후에도, 이집트 땅에서의 고대 이집트 문명은 여전히 이어졌습니다. 이집트 신들을 모시는 신전들이 계속 운영되었던 것은 물론이고 새로운 신전들도 다수 지어졌습니다. 사람들 역시 계속해서 고대 이집트의 방식대로 살아갔으며, 여전히 이집트의 신들을 숭배하기도 했습니다. 왕국은 몰락했지만, 문화는 계속해서 재생산되었던 것이죠.

기독교 문명의 시작

그러나 로마제국이 점차 기독교를 받아들이면서 상황이 달라집니다. 서기 313년, 로마의 황제 콘스탄티누스Constantinus 1세는 밀라노 칙령을 발표해 기독교를 정식 종교로 인정합니다. 이후 기독교를 국교로 만드는 작업도 진행되죠. 그런데 기독교는 유일신교라는 특성 때문에, 다른 종교나 신앙을 원칙적으로 존중할 수 없었습니다.

결국 391년, 테오도시우스Theodosius 1세가 이집트에서 기독교 외의 종교의례를 금지하는 칙령을 내리게 됩니다. 황제의 칙령은 막강한 권위를 갖고 있었기 때문에, 더 이상 고대 이집트 신들을 모시는 신전은 운영될 수 없게 됩니다.

여기서 중요한 점은, 이집트의 신전이 단순히 종교시설이 아니라 교육기관이자 행정기관 역할까지 했다는 것이죠. 신전이 폐쇄된다는 것은, 고대 이집트 문화가 스스로 재생산될 수 있는 원동력이 완전히 사라진다는 의미이기도 합니다.

그렇게 고대 이집트 문명은 역사 무대에서 퇴장하고, 기독교 문명이 그 자리를 차지하게 되면서 신성문자도 더 이상 쓰이지 않게 되었습니다.

콘스탄티누스 1세(로마 카피톨리노 박물관)

문명의 의미

이처럼 문명은 태어나고, 성장하고, 또 결국에는 사라지기도 합니다. 고대 이집트 문명은 그 시작과 끝이 언제나 일어났는지를 비교적 명확하게 파악할 수 있는 몇 안 되는 문명들 중 하나입니다.

이쯤에서 우리는, '문명'이라는 현상이 도대체 무엇인지, 그리고 그것이 우리에게 어떤 의미를 지니는지 찬찬히 살펴볼 필요가 있습니다. 세계사 교과서의 첫 장을 펼치면 가장 앞부분에서 바로 '문명'이라는 단어를 만나게 됩니다. 대개 두 번째 챕터쯤에서 '문명의 탄생', '문명의 발생', 혹은 '문명의 기원'이라는 제목으로 등장하죠. 하지만 정작 문명이라는 개념을 깊이 설명하지는 않습니다. 영어 '시빌라이제이션civilisation'이 시민을 뜻하는 라틴어 '시비스civis', 혹은 도시를 뜻하는 '시비타스civitas'에서 유래했다는 정도의 간단한 어원 설명만 있을 뿐입니다.

그렇다면 '문명'은 도대체 무엇일까요?

문명이라는 개념은 여러 방식으로 정의할 수 있지만, 여기서는 일단 '고도로 복잡해진 인간 사회'라는 표현으로 이해해 보겠습니다. 현대 고고학은 문명을 단순히 '이전 시대보다 더 발전했다, 더 나아졌다'라는 식으로 설명하지 않습니다. 오히려 이전과는 전혀 다른 양상의 사회가 나타나면서, 그 안에서 새로운 현상들이 복합적으로 얽히고설키는 상태를 문명으로 이해합니다. 그래서 고고학자들은 문명 대신 'complex society', 즉 '복합 사회'라는 용어를 쓰기도 합니다(하지만 여기에서는 편의상 '문명'이라는 용어를 계속 사용하겠습니다).

낭비가 가능한 사회

그러면 문명과 함께 등장하는 새로운 현상에는 어떤 것들이 있을까요?

먼저 '도시'입니다. 인구가 집중된 과밀한 공간이 생겨났습니다. 또 사회적 계층, 곧 계급이 분화되었고, 문자와 기록이 등장했습니다. 중앙집권적 정치구조, 즉 일반적으로 국가라 불리는 정치체도 이 시기에 자리 잡습니다. 더 나아가 직업이 세분화되면서 전문적인 직능을 가진 사람들이 생겼고, 공공건축이나 기념비적 건축물 같은 대규모 구조물이 등장했습니다. 이러한 요소들이 모두 문명의 특징을 보여주는 중요한 징표입니다.

이쯤 되면 문명이 어떤 사회적 현상을 가리키는지 대략적으로는 감이 잡히실 겁니다. 저는 문명을 '낭비가 가능한 사회', 혹은 '낭비가 일상화된 사회'라고 정의하기도 합니다. 먹고사는 문제와 직접적으로 관련 없는 일, 인간 생존과 직결되지 않은 일에 많은 자원과 인력을 투입할 수 있는 사회 말이죠. 어찌 보면 잉여적이고, 꼭 하지 않아도 되는 일을 반복적으로, 또 일상적으로 해내는 사회가 바로 문명이라 할 수 있습니다.

문명이라고 불리는 현상 속에는 '낭비'가 단순히 '허투루 쓰는 것'이 아니라, 오히려 중요하고 의미 있으며 심지어 신성한 것으로 여겨지는 인식과 가치관이 자리하게 되기도 합니다. 고대 이집트의 피라미드가 그 대표적인 사례죠.

기자의 4왕조 시대 피라미드군

피라미드는 다들 잘 아시는 것처럼 거대한 건축물이지만, 인간 생존에는 직접적으로 어떠한 도움도 주지 못합니다. 오히려 그 건축물을 세우기 위해 엄청난 자원과 노동력이 투입되어야 했습니다. 전형적인 낭비의 형태였던 셈이죠. 그런데 피라미드는 건설 과정에서부터 완공 후에 이르기까지 신성한 의미를 지닌 기념물이었습니다. 바로 이러한 점에서 피라미드는 고대 이집트 문명의 '문명다움'을 보여주는 상징이 됩니다. 오늘날까지 피라미드가 이집트 문명을 대표하는 이미지로 자리 잡은 이유도 바로 여기에 있습니다.

생각해 보면, 우리가 살아가는 현대문명도 크게 다르지 않습니다. 우리가 '깊은 의미가 있다'라고 여기는 많은 행위들은 대체로 인간의 생존과 직접적으로 연결되지 않습니다. 하지만 그런 모습이야말로 문명적인 것이라고 부를 수 있을 것입니다.

인류 역사 속에서 이런 새로운 현상들이 처음 나타난 시점을 이야기할 때 '문명의 발생', 혹은 '문명의 탄생'이라는 표현을 사용합니다. 교과서에서도 흔히 한 챕터의 제목으로 쓰이죠. 이때 등장한 최초의 문명들을 우리는 '고대문명'이라고 부릅니다. 그중에서도 이집트 문명은 가장 대표적인 사례라 할 수 있습니다.

4대 문명에 관한 오해

이집트 문명을 이야기할 때 꼭 따라붙는 표현이 있죠. 아마 한번쯤 들어보셨을 겁니다. 바로 '4대 문명'이라는 말입니다. 세계사 교과서에서도 자주 등장하고, 방송이나 책에서도 익숙하게 볼 수 있죠. 심지어 역사학자나 고고학자들조차 습관처럼 이 표현을 쓰곤 합니다.

하지만 사실을 말씀드리자면, 4대 문명이라는 개념은 학문적으로 정확한 용어가 아닙니다. 놀랍게도 이 표현은 중국, 일본, 그리고 한국에서만 주로 쓰이는 독특한 개념입니다.

이 개념은 20세기 초 중국의 계몽 사상가 양계초梁啓超(1873~1929년)가 어느 정도 정치적 목적성을 담아 만들어 낸 것이었습니다. 게다가 이집트, 메소포타미아, 인더스Indus, 중국 문명(황하 문명)을 하나의 범주로 묶는 것도 사실 쉽지 않습니다. 이들 문명은 시작된 시기와 존속된 시기가 다르고, 문명적 요소가 나타나는 양상도 크게 달랐습

일반적으로 '4대 문명'으로 일컬어지는 문명들

니다. 더구나 '4대 문명' 이외에도 크레타Creta 섬의 미노아Minoa 문명이나 안데스Andes 지역과 메소아메리카 지역의 문명들처럼 상당히 이른 시기에 등장한 다른 문명들도 분명 존재합니다. 더불어 '4대'라는 표현에는 은연 중에 이 네 문명이 다른 문명보다 더 우월하다는 어감이 담겨있습니다. 하지만 현대 고고학은 문명들 사이에 우열 관계가 존재한다는 생각을 인정하지 않습니다. 문명은 단순한 서열이 아니라, 각각의 환경과 조건 속에서 독자적으로 피어난 복합적 사회현상인 것이죠. 더욱이 비교적 최근 들어 전모가 밝혀지기 시작한 '괴베클리 테페Göbekli Tepe'와 같은 유적은, 우리가 지금까지 사용해 온 문명 개념 자체를 다시 검토해야 한다는 문제를 제기하게 만듭니다.

괴베클리 테페는 튀르키예Türkiye 남동쪽에 있는 유적으로, 일종의 신전 유적인데, 규모가 엄청나게 크고 또 정교합니다. 놀라운 것은 이 신전이 무려 1만 2000년 전에 만들어졌다는 사실이죠. 이 시기는 이집트 문명이 시작되었다고 보는 시점보다도 6000년 이상 앞선 시대입니다.

그동안 고고학자들은 오래도록 이렇게 생각해 왔습니다. 먼저 정주 생활이 시작되고, 그러니까 사람들이 한 지역에 머물며 살게 되면서 잉여생산물이 생겨났고, 그러면서 종교 활동이나 기념비적인 건축물들이 본격적으로 나타났다고 말이죠. 다시 말해 어느 정도 안정적으로 먹고살 수 있게 된 이후에야 이런 부수적인 활동들이 가능해졌다고 본 것입니다.

괴베클리 테페

그런데 괴베클리 테페와 같은 유적을 보고 있으면 생각이 달라집니다. 생존과는 직접적인 관계가 없음에도 불구하고, 오히려 '문명적인 활동'들이 정주 활동이 나타나기 이전부터 시작되었을지도 모른다는 것이죠. 최근에는 인근 지역에서 '카라한 테페'와 같은 유적도 계속 발견되고 있는데, 앞으로 발굴과 연구가 더 진행되면 세계사의 이해가 크게 바뀔지도 모르겠습니다. 어쩌면 10년 뒤쯤에는 세계사 교과서의 첫 장이 지금과는 많이 달라져 있을 수도 있겠죠. 이런 이유들 때문에 저는 4대 문명이라는 표현을 사용하는 것을 앞으로는 조금 자제하는 게 좋지 않을까, 조심스럽게 제안하고 싶습니다.

고대 이집트 문명의 시작

그럼, 이제 본격적으로 우리가 다룰 주제, 고대 이집트 문명으로 돌아가 보겠습니다. 이집트 문명은 일반적으로 기원전 3100년경에 시작된 것으로 이야기됩니다. 그런데 이 시점은 앞서 말한 여러 문명적 요소들이 등장한 시점을 기준으로 정해진 것이 아닙니다. 보통 문명의 시작은 도시와 같은 인구 밀집 공간, 문자, 기념물 같은 것들이 나타날 때를 기준으로 삼는데, 이집트의 경우에는 이런 요소들이 이미 기원전 3500년 무렵부터 나타나기 시작했습니다. 그러니 '이집트 문명이 기원전 3100년에 시작됐다'라는 말은 조금 의아하게 들릴 수도 있죠.

그렇다면 기원전 3100년이라는 시점은 무엇을 의미할까요?

바로 이집트 전역이 하나의 국가로 통일된 시점입니다. 남북의 길이가 1,000킬로미터가 넘는 이집트 전체가 하나의 정치체로 묶였다는 것이죠. 최초로 통일을 이끈 왕의 이름은 나르메르 Narmer 였습니다. 오늘날 우리가 '나르메르 팔레트'라고 부르는 석판을 통해 이 사실을 비교적 자세히 확인할 수 있습니다.

이 석판에는 이집트 남부, 즉 상이집트의 왕이 북쪽 나일강 하류 삼각주 지역, 즉 하이집트를 정복하는 장면이 묘사되어 있습니다. 이 과정을 통해 이집트가 처음으로 통일 왕국을 이루었다고 보는 것이죠.

이집트가 통일되기 이전에는 여러 정치체들이 서로 경쟁을 벌이고 있었습니다. 나카다 Naqada, 아비도스 Abydos, 히에라콘폴리스 Hierakonpolis 같은 군장국가급 정치체들이 꽤 오랫동안 치열하게 맞

나르메르 팔레트(카이로 이집트 박물관)

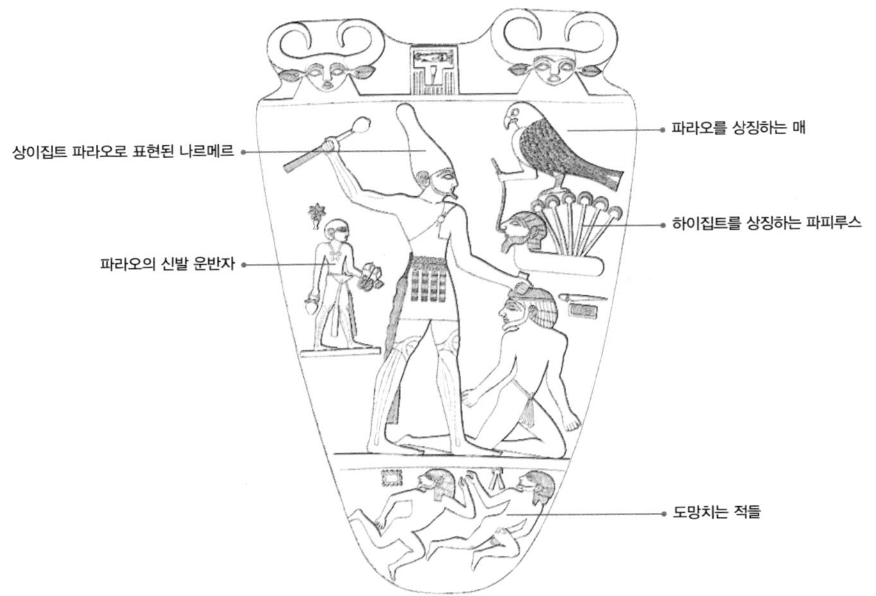

상이집트 파라오로 표현된 나르메르
파라오의 신발 운반자
파라오를 상징하는 매
하이집트를 상징하는 파피루스
도망치는 적들
나르메르 팔레트 앞면
하이집트 파라오로 표현된 나르메르
파라오의 신발 운반자
총리 혹은 왕자
참수된 적군들
사자의 얼굴을 한 한쌍의 괴물
황소로 표현된 파라오
나르메르 팔레트 뒷면

붙었던 것으로 보이죠. 여기서 군장국가라고 하면, 우리가 오늘날 떠올리는 '국가'보다는 훨씬 규모가 작고 구조도 단순한 형태의 정치체를 뜻합니다. 그런데 이 시기는 문자 기록이 뚜렷하게 남아있지 않기 때문에, 구체적으로 어떤 과정을 거쳐 경쟁이 이루어졌는지 알기 어렵습니다. 결국 우리는 고고학의 힘을 빌릴 수밖에 없는데, 다행히 당시의 상황을 은유적으로 보여주는 유물들이 몇 가지 전해집니다. 그중 가장 대표적인 것이 바로 '게벨 엘-아라크Gebel el-Arak의 석도'라는 유물입니다.

이 돌칼은 대략 기원전 3300년경에 만들어진 것으로 추정되는데, 이집트 문명이 본격적으로 시작되기 전, 그러니까 하나의 국가로 통일되기 이전의 시기에 속합니다. 현재는 프랑스 파리의 루브르 박물관에 소장되어 있습니다.

이 석도는 황석을 사용해 아주 정교하게 만들어졌지만 실제로 사용된 흔적은 확인되지 않았습니다. 이 칼이 실제로 무언가를 베거나 자르는 데 쓰이지 않았다는 뜻입니다. 만약 실용적인 무기로 사용되었다면 칼날에 잘린 흔적이나 마모가 남아있어야 하는데, 그런 흔적은 전혀 보이지 않았습니다. 학자들은 이 돌칼이 의례적인 목적, 다시 말해 실사용보다는 그 자체의 상징적인 모양과 의미 때문에 제작된 것으로 보고 있습니다.

특히 흥미로운 것은 손잡이 부분입니다. 이 손잡이는 상아로 만들어졌는데, 앞면에는 여러 동물이 서로 얽혀있는 장면이 섬세하게 새겨져 있죠.

게벨 엘-아라크의 석도(파리 루브르 박물관)

게벨 엘-아라크 석도의 손잡이 앞면과 뒷면

(앞면 확대) 야수들을 제압하는 모습

(뒷면 확대) 무리를 지어서 싸우는 모습

(뒷면 확대) 무기를 들고 싸우는 모습

(뒷면 확대) 배를 타고 싸우는 장면

그 사이로는 야수들을 양손으로 움켜쥐며 제압하는 영웅적인 인물의 모습도 보입니다. 그런데, 제가 보여드리고 싶은 부분은 바로 손잡이의 뒷면입니다.

뒷면을 자세히 들여다보면, 사람들이 무리를 지어 싸우는 장면이 새겨져 있습니다. 가장 위쪽에는 맨몸으로 몸을 맞붙이며 레슬링 하듯 싸우는 인물들, 그 아래에는 무기를 든 사람들이 격렬하게 충돌하는 모습이 보입니다. 더 아래쪽으로 시선을 옮기면 배를 탄 전사들이 등장하죠. 배는 독특하게도 U자형으로 휘어진 형태인데, 그 위에서 역시 치열한 전투가 벌어지고 있습니다. 이 장면의 주인공들은 아마도 나카다, 아비도스, 히에라콘폴리스와 같은 당시의 군장국가들이었을 가능성이 큽니다. 결국 이 유물은 단순한 무기를 넘어, 초기 이집트 사회에서 이미 시작된 권력과 전쟁의 시대를 보여주는 증거라고 할 수 있습니다.

또 이 무렵에는 문자도 나타나기 시작했습니다. 대략 기원전 3400년에서 3300년 사이에 이미 초기 형태의 문자들이 등장한 것이죠. 여러분이 잘 알고 계시는 고대 이집트의 신성문자, 흔히 상형문자라고 불리는 것의 시초가 이 시기에 발견됩니다. 실체를 시각적으로 표현해 내는 능력이 이미 드러난 것입니다.

대표적인 예가 엘캅Elkab 지역 암각화에 새겨진 새입니다. 이 새들은 나중에 이집트 문자 체계에서 중요한 소재로 쓰이게 되죠. 또 아비도스의 U-j 무덤에서는 상아로 만든 라벨이 출토되었는데, 그 표면에도 초기 문자 형태가 새겨져 있습니다. 아마도 물품에 붙였던 이름표였을 것으로 보입니다. 소유자의 이름, 물품의 종류, 출처와 같은

아비도스 U-j 무덤에서 출토된 상아 라벨(카이로 이집트 박물관)

정보를 표시하는 용도였을 것 같습니다.

이처럼 이집트에서는 기원전 4000년대 중반부터 문명적인 요소들이 조금씩 모습을 드러내며, 약 300~400년 동안 준비기를 거쳤습니다. 그리고 기원전 3100년 무렵에 이르러 드디어 전 지역이 하나의 국가로 통일되면서 본격적인 문명의 시대가 시작됩니다.

고대 이집트 문명은 현대 한국인들에게는 시공간적으로 굉장히 먼 세계입니다. 직접적인 관련이 없다고 해도 과언이 아니죠. 그런데 오히려 그렇기 때문에 고대 이집트를 들여다보아야 한다고 생각합니다. 고대 이집트는 감정을 이입하지 않으면서도 찬찬히 들여다볼 수 있는 역사적 사례이기 때문입니다. 우리는 그 과정을 통해서 고대 이집트라는 거울에 우리들 자신을 비추게 되고, 감정적이지 않은 그 비교를 통해 보다 객관적으로 우리들 자신의 문명사적 위치를 돌아볼 수 있죠. 저는 고대 이집트를 탐구하는 일이 단순히 옛날 이야기를 아는 차원을 넘어, 오늘을 사는 우리 자신을 이해하는 데에도 큰 도움이 된다고 믿습니다.

2강

나일강이
가져다준 선물

Orientation

지중해
알렉산드리아
타니스
하이집트
기자
카이로
사카라
멤피스
다슈르
아마르나
상이집트
홍해
아비도스
룩소르(테베)
에드푸
아스완
(엘레판티네)
제1급류
누비아
아부심벨

이집트 지도

일반적으로 우리는 문명이 거대한 강가에서 탄생한다고 생각합니다. 실제로 이집트의 나일강, 메소포타미아의 유프라테스Euphrates강, 티그리스Tigris강, 인도의 인더스강, 중국의 황하黃河강을 보면 이 말이 꽤 설득력이 있는 것임을 알 수 있습니다. 하지만 모든 문명이 큰 강을 필요로 했던 것은 아닙니다. 오늘날 멕시코, 벨리즈, 과테말라 지역에서 발달한 메소아메리카 문명들이 그 대표적인 예입니다.

이 문명들은 큰 강보다 정글과 고원, 그리고 작은 강이나 호수 주변에서 발전했습니다. 그곳 사람들은 계단식농업이나 저수지, 수로 시스템 등 환경에 맞춘 다양한 농업기술을 개발해 옥수수, 콩, 호박과

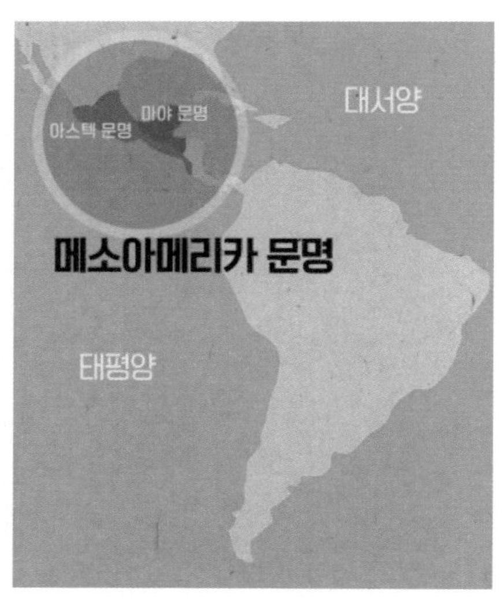

고도화된 문화를 이룬 메소아메리카 문명

같은 작물을 재배했죠. 그럼에도 불구하고 이 문명들은 수만 명에서 수십만 명에 달하는 거대한 도시를 건설했고, 심지어는 피라미드도 세웠습니다. 다만 이곳의 피라미드는 이집트의 것과 용도가 다릅니다. 이집트 피라미드가 주로 무덤이었다면, 메소아메리카의 피라미드는 대체로 신전으로 사용됐죠. 또한 이들은 정교한 문자 체계를 만들고, 복잡한 달력까지 개발하며 매우 고도화된 문화를 이루었습니다.

이제 조금 더 남쪽, 남아메리카 지역으로 가보겠습니다.

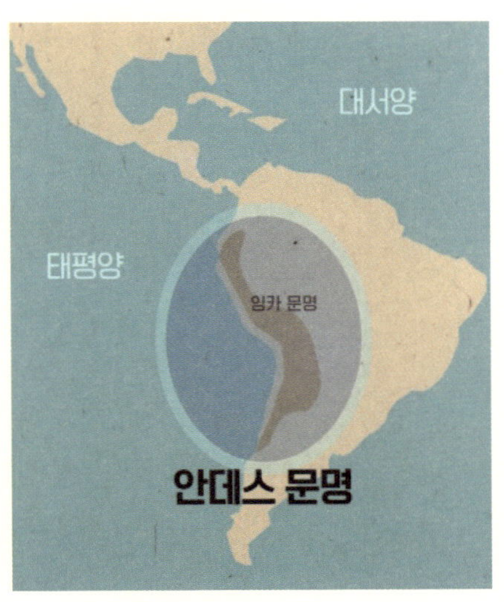

남아메리카 안데스 산맥 지역에서 시작된 안데스 문명

남아메리카에도 차빈Chavin이나 모체Moche처럼 다소 낯선 이름의 문명들이 있습니다. 이 지역의 문명들 역시 큰 강 없이 탄생했고, 그럼에도 불구하고 오래도록 유지될 수 있었습니다. 이곳 사람들은 해발 2,000미터 이상의 높은 곳에서 계단식농업을 통해 식량을 생산하며 생계를 이어갔습니다. 티티카카 호수와 같은 수자원을 활용해 물을 공급받기도 했고요.

이번에는 조금 더 익숙한 지역으로 시선을 옮겨보겠습니다. 고대 그리스 문명과, 그 전신이라 할 수 있는 미노아 문명입니다.

그리스 지역에는 비옥한 평야가 거의 없고, 험준한 산악 지형과 복잡한 해안선, 그리고 수많은 섬들이 자리하고 있습니다. 이러한 환경

고대 그리스 문명의 전신인 미노아 문명

에서 사람들은 농업보다는 무역과 해상 활동에 집중할 수밖에 없었습니다.

동지중해 지역, 오늘날의 레바논과 시리아 일부에 위치했던 페니키아Phoenicia 문명 역시 큰 강 없이 바다를 중심으로 발전한 문명입니다. 페니키아인들은 바다로 진출해, 후에 로마와 치열한 경쟁을 벌이게 되는 카르타고Carthago와 같은 성공적인 식민도시를 세우기도 했습니다. 이러한 과정을 통해 페니키아 문명은 지중해 세계를 하나의 통합된 체계로 만드는 데 크게 기여했습니다.

그렇지만 이집트 문명은 강을 바탕으로 탄생한 문명입니다. 여기에 대해서 아주 짧고 정확하게 표현한 사람이 있습니다. 바로 고대 그리스의 역사가 헤로도토스Herodotos입니다. 그는 기원전 5세기에 활동하며 실제로 이집트를 여행했다고 전해지는데요, 물론 그의 기록이 오늘날 기준으로 모두 신뢰할 수 있는 것은 아니지만, 그가 남긴 방대한 이야기 속에는 여전히 귀 기울일 만한 통찰이 담겨있습니다. 그의 저서 『역사』에 이런 말이 나옵니다.

"이집트는 나일강의 선물이다."

이 말은 이집트 문명의 본질을 딱 집어낼 뿐만 아니라, 인간과 자연의 관계에 대한 날카로운 통찰까지 담고 있습니다. 실제로 나일강이

헤로도토스(로마 팔라초 마시모 알레 테르메)

있었기에 이집트는 풍요로운 농업 기반을 마련할 수 있었고, 덕분에 찬란한 문화를 꽃피울 수 있었죠. 이집트인들 역시 그 사실을 누구보다 잘 알고 있었습니다. 그래서 나일강을 단순한 강이 아니라, 생명을 주는 신 '하피Hapi'로 여겨 숭배하기까지 했죠. 이처럼 나일강은 단순한 자연환경을 넘어, 고대 이집트 문명을 이해하는 데 핵심적인 열쇠가 됩니다.

이번 강의에서는 바로 이 나일강을 통해 탄생한 고대 이집트 문명을 들여다보고, 더 나아가 인간이 자연과 맺어온 근본적인 관계를 함께 탐구해 보려 합니다.

이집트 문명의 핵심, 나일강

　고대 이집트인들은 나일강을 뭐라고 불렀을까요? 지금처럼 '나일'이라고 하지는 않았습니다. 고대 이집트인들은 나일강을 '이테루'라고 불렀는데, 그냥 '강'이라는 뜻입니다. 나일강을 그냥 '강'이라고 부른 이유는, 당시 그들이 알고 있는 강이 나일강 하나였기 때문일 것입니다. 영어로 치면 그냥 'the river', 다시 말해서 그냥 '그 강'이라고 부른 셈이죠.

　이집트 문명에 엄청난 선물을 안겨준 나일강은 세계에서 가장 긴 강 중 하나로 여겨집니다. 길이는 무려 6,650킬로미터, 서울에서 오늘날 이란Iran의 수도 테헤란Teheran까지의 거리와 거의 비슷하죠. 이 가운데 이집트를 흐르는 구간은 약 1,000킬로미터 정도에 불과하지만, 강은 끊어지지 않고 이어집니다. 그렇기 때문에 이집트 문명과 나일강과의 관계를 정확하게 이해하려면 나일강 전체를 한 번쯤은 살펴볼 필요가 있습니다.

　나일강의 수원지는 크게 두 곳이 있습니다. 먼저 아프리카 대륙 깊숙한 곳에 있는 빅토리아Victoria 호수에서 흘러나오는 강을 '백나일강White Nile'이라고 부르는데요, 이 백나일강은 물의 양 변동 폭이 크지 않고 상당히 안정적인 강입니다. 그리고 나일강의 또 다른 수원지는 동아프리카에 위치한 에티오피아 고원지대입니다. 여기서 시작되는 강을 '청나일강Blue Nile'이라고 하죠. 이렇게 서로 다른 두 강이 오늘날 수단의 수도 카르툼Khartoum에서 만나 하나의 강이 되어 이집트로 흘러들어 옵니다.

　　이집트를 통과하는 나일강은 약 1,200킬로미터 길이로, 북쪽의 지중해까지 이어집니다. 이 강은 단순히 물을 공급하는 역할만 한 게 아니라, 이집트 전역을 연결하는 효율적인 교통로로도 기능했습니다. 문명이 탄생하고 안정적으로 유지되기 위해서는 사람과 물건, 정보가 공간 안에서 자유롭게 이동해야 하는데, 나일강이 바로 그런 역할을 해준 것이죠.

　　나일강은 남쪽에서 북쪽으로 흐르기 때문에, 남쪽에서 북쪽으로 이동할 때는 그저 배만 띄우면 해결됩니다. 강물의 흐름이 간단하게 배를 북쪽으로 이동시켜 주죠. 배에서는 키만 조정하면 되었고요. 게다가 이동속도도 매우 빨랐습니다. 예를 들어, 고대 이집트 최남단 경계인 아스완의 엘레판티네Elephantine섬에서, 멤피스Memphis까지 약 1,000킬로미터를 배로 이동하는 데 당시 기준으로 약 2주 정도 걸렸다고 합니다. 물론 오늘날 비행기를 타면 1시간 반이면 이동할 수 있는 거리이지만, 당시가 무려 5000년 전임을 감안한다면 엄청난 속도였다고 할 수 있습니다.

　　그런데 이동은 항상 남쪽에서 북쪽으로만 하는 게 아니죠. 북쪽에서 남쪽으로도 이동해야 할 때가 있습니다. 이집트가 축복받은 나라라고 말할 수 있는 것은, 나일강은 남쪽에서 북쪽으로 흐르지만, 바람은 북쪽에서 남쪽으로 불었기 때문입니다. 배의 돛을 펴서 지중해에서 불어오는 바람을 받으면 강물의 흐름을 거슬러 북에서 남으로도 배를 쉽게 이동시킬 수 있었죠. 이러한 조건 덕에 나일강은 일종의 양방향 컨베이어벨트처럼 작동했습니다. 사람과 물자, 정보가 강을 따라 빠르고 쉽게 이동할 수 있었으니, 이집트는 아주 이른 시기부터 단일 정치체, 즉 하나의 국가로 존재할 수 있었던 것입니다.

상이집트와 하이집트

나일강이 흐르는 모습에 따라 이집트는 크게 두 개의 지역으로 나뉩니다. 먼저 강이 하나의 본류로 흐르는 '계곡 지역'이 있고, 그 본류가 여러 개의 지류로 갈라져 흐르는 '삼각주 지역'이 있습니다. 계곡 지역은 상대적으로 상류에 있기 때문에 '상上이집트'라고 부르고요, 삼각주 지역은 하류인 만큼, '하下이집트'라고 부릅니다. 여기서 헷갈리시면 안 되는 게 있어요. 상이집트가 남쪽, 하이집트가 북쪽입니다. 나일강이 남에서 북으로 흐르기 때문에 자연스럽게 상류는 남쪽, 하류는 북쪽이 되는 것이죠(43쪽 지도 참고).

그리고 이 상하 이집트는 단순히 위치만 다른 게 아닙니다. 자연환경이 달라서 문화적 차이도 있었습니다. 삼각주로 구성되어 있는 하이집트 지역과 계곡 지형을 갖고 있는 상이집트는 선왕조 시대, 그러니까 문명이 시작되기 이전부터 이미 서로 다른 문화적 양상이 나타났습니다. 그 후 이집트가 통일이 되고 문명이 시작된 이후에도, 상하 이집트는 언제나 구분되어서 인식되었죠.

이 구분은 단순한 지리적 구별인 것만은 아닙니다. 사회적·문화적·정치적 의미까지 담겨있죠. 최초의 파라오인 나르메르가 상하 이집트를 통일하고 새로 세운 수도가 바로 멤피스입니다. 멤피스는 상하 이집트의 가운데, 즉, 삼각주의 꼭짓점 부분에 위치하고 있는데, 이곳에 수도를 세운 것은 상하 이집트 전체를 관장하겠다는 의지가 담긴 것이라고 할 수 있습니다.

이처럼 상하 이집트의 구분은 정치적으로도 매우 중요한 문제였습니다. 그래서 상하 이집트를 나타내는 여러 상징이 문명이 지속되는 내내 사용되었고, 대표적인 사례가 바로 파라오가 쓰던 왕관입니다.

일단 하이집트를 상징하는 왕관은 붉은색입니다. 앞은 평평하고 뒤쪽이 돌출된 모양을 하고 있죠. 그리고 상이집트의 왕관은 하얀색이고, 볼링핀처럼 생겼습니다.

이집트가 통일되어 있었던 시기에도 파라오들은 두 왕관을 모두 사용했습니다. 하이집트와 관련된 지역에서는 하이집트 왕관을, 상이집트와 관련된 지역에서는 상이집트 왕관을 썼고요, 두 왕관을 합친 이중 왕관도 통합의 의미로 사용했습니다.

또 이집트 파라오들은 여러 공식 칭호를 갖고 있었는데, 그중 하나가 '네브-타위'입니다. 여기서 '네브'는 '주인', '타'는 '땅'을 뜻하고요, 마지막 '위'는 뭘까요? 고대 이집트어에는 '쌍수형 어미'라는 것이 있습니다. 영어에서 명사 뒤에 's'를 붙여 복수형을 만들죠. 이집트어에도 이와 비슷한 복수형 어미 'w(우)'가 있고, 한쌍으로 존재하는 것들

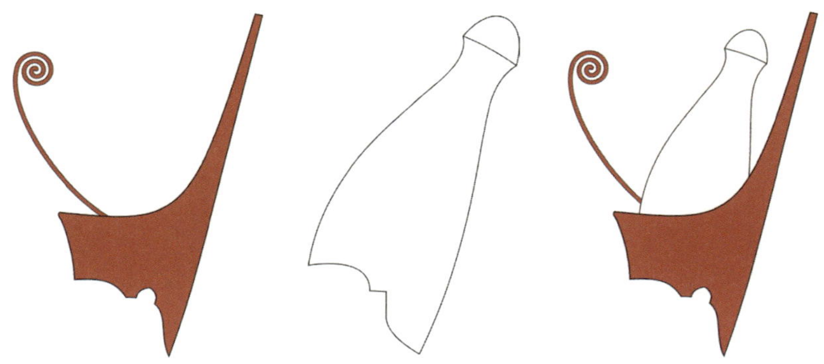

(왼쪽부터) 하이집트의 붉은 왕관, 상이집트의 하얀 왕관, 통일 이집트의 이중 왕관

을 지칭하는 쌍수형 어미 'wy(위)'가 있습니다. 이를테면, 눈, 손, 콧구멍 같은 것들에 붙이는 것이죠. 그래서 땅을 의미하는 '타' 뒤에 쌍수형 어미 '위'를 붙이게 되면 '두 땅', 즉 상이집트와 하이집트를 의미하게 됩니다. 그렇기 때문에 네브–타위는 '두 땅의 지배자'라고 번역할 수 있죠. 이 칭호는 파라오 이름 가운데서도 즉위명 앞에 붙는 공식적인 칭호로 사용되었습니다.

이집트 문명은 도시가 등장하는 것에서부터 시작되지 않았습니다. 이것이 메소포타미아나 인더스 문명 등과 구분되는 이집트 문명의 특별한 점이라고도 할 수 있습니다. 메소포타미아와 인더스 문명은 모두 도시를 중심으로 발전한 문명이었죠. 인더스 문명은 처음부터 끝까지 도시국가들로만 이루어졌고, 메소포타미아도 아카드Akkad 제국이나 바빌로니아Babylonia 같은 중앙집권형 제국이 등장하기 전까지는 여러 도시국가들이 서로 경쟁하는 구조였습니다.

그런데 이집트는 처음부터 하나의 거대한 영토형 국가로 시작을 했습니다. 처음부터 '하나의 나라'였다는 것은, 당시로서는 굉장히 독특한 일이었습니다. 비밀은 바로 나일강에 있습니다. 나일강은 단순한 강이 아니라, 사람과 물자, 정보가 양방향으로 오가는 거대한 통로였죠. 그 덕에 남북이 길게 이어진 이집트 땅이 서로 단절되지 않고, 하나의 정치체로 자연스럽게 통합될 수 있었던 것입니다.

홍수, 그리고 세 개의 계절

나일강은 매년 여름철이 되면 범람을 합니다. 그런데 이 범람은 이집트 땅에 비가 내려서 생기는 것이 아니었습니다. 이집트는 비가 거의 내리지 않는 지역이죠. 앞서 말씀드렸듯이, 나일강은 이집트를 흐르는 1,200킬로미터를 아득히 넘어서는, 전체 길이가 6,500킬로미터가 넘는 강입니다. 그래서 범람을 이해하기 위해서는 나일강을, 보다 더 넓은 시각에서 살펴봐야 합니다.

나일강의 범람은 매년 5월경에 시작되는데, 이는 에티오피아 고원지대에 내리는 계절성 폭우 때문입니다. 즉, 청나일강이 범람하는 것이죠. 에티오피아에서 시작된 범람은 북쪽으로 흘러 이집트에 도달하는 데 약 두 달 정도 걸리며, 7월 중순경부터 이집트에서도 범람이 시작됩니다. 다른 지역의 강들과 달리, 나일강의 범람은 매년 거의 일정한 시기에 일정한 정도로만 일어났습니다. 그래서 이집트인들은 이 자연의 규칙을 이해하고 대비할 수 있었고, 이 홍수는 인간의 삶을 피폐하게 만드는 자연재해가 아니라 오히려 아주 유용한 자연조건으로 활용되었습니다.

나일강의 규칙적인 범람으로 이집트인들의 시간과 계절 관념도 자연스럽게 나일강의 리듬에 맞춰졌습니다. 오늘날 우리는 1년을 봄, 여름, 가을, 겨울의 사계절로 구분하지만, 고대 이집트인들은 1년을 세 개의 계절로 나눴습니다.

첫 번째 계절은 '아케트'로, 나일강이 범람해 이집트 전역이 물에 잠기는 '홍수의 계절'입니다. 오늘날의 달력으로는 대략 7월부터 10월까

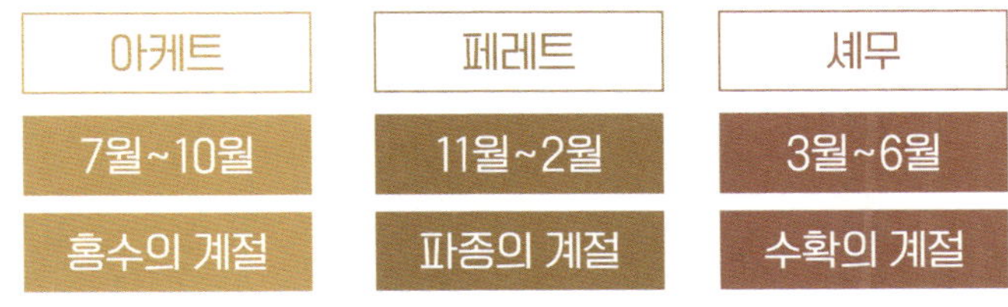

고대 이집트인들의 계절

지에 해당합니다. 에티오피아의 폭우가 나일강을 범람시키고 이집트까지 도달하는 데 걸리는 시간까지 고려하면, 7월 중순부터 아케트가 시작되는 것이죠.

아케트 계절에는 단순히 물이 불어나는 것만이 아니라, 상류 지역의 비옥한 흙까지 함께 이집트로 옮겨집니다. 덕분에 이집트인들은 가만히 있어도 나일강이 매년 거의 같은 시기에 질 좋은 토양을 충전해 주기 때문에, 이집트 땅은 자연스럽게 비옥해지고 안정적인 농업 환경을 갖출 수 있었습니다.

나일강의 두 번째 계절은 '페레트'로, 오늘날 달력으로는 대략 11월에서 2월에 해당합니다. 이 시기는 범람한 물이 빠져나가고, 땅이 새롭게 생명력을 되찾는 때였죠. 홍수가 가져온 비옥한 흙이 넓게 퍼져 있었기 때문에, 이집트의 토지는 자연스럽게 농사에 적합한 상태가 되었습니다. 농부들은 이 시기에 씨앗을 뿌렸습니다. 그래서 페레트는 흔히 '파종의 계절'이라고 불립니다. 물에 잠겼다가 드러난 흙은 매우 부드러워 별도로 땅을 갈 필요가 거의 없었고, 약간의 손질만으로도 파종이 가능해 농사가 훨씬 수월했습니다.

파종하는 모습(뉴욕 메트로폴리탄 미술관)

농사를 짓는 모습(네페르이니의 〈사자의 서〉, 베를린 신박물관)

　세 번째 계절은 '셰무'라고 하며, 지금의 달력으로는 3월에서 6월 사이에 해당합니다. 이때는 씨앗이 자라서 '작물을 거두는 시기'였죠. 나일강이 매년 규칙적으로 범람하면서 이집트인들은 좋은 곡물을 풍부하게 수확할 수 있었습니다. 이런 안정적인 농업 생산성이 바로 문명을 탄생시키고, 오랫동안 유지할 수 있었던 기반이 된 것이죠.

　고대 이집트 문명은 '문화적 내구성'이 매우 강한 문명이었습니다. 한 번 만들어진 문화적 요소들은 거의 변하지 않고 문명이 끝날 때까지 계속해서 사용되었죠. 예를 들어 파라오들이 쓰던 '관'의 모양도 문명 초기에 완성되어서 무려 3500년 동안 거의 그대로 유지됐습니다. 이렇게 오랜 시간 동안 변하지 않을 수 있었던 힘 역시, 결국은 안정적인 농업 생산성, 즉, 나일강의 규칙적인 범람과 그 과정을 통해서 얻게 된 비옥한 토양 덕분이었다고 할 수 있습니다.

검은 땅과 붉은 땅

고대 이집트인들은 자신들이 살던 나일강 유역의 비옥한 땅을 '케메트Kemet'라고 불렀습니다. '검은 땅'이라는 뜻이죠. 나일강이 매년 범람하면서 상류에서 옮겨 온 비옥한 토양의 색깔이 검은색이었기 때문에 붙인 이름이었습니다. 이 케메트라는 이름은 고대 이집트의 국명으로도 쓰였습니다. 이 비옥한 땅이 고대 이집트인들에게는 단순한 농토가 아니라, 그들의 중요한 정체성이자 삶의 뿌리가 되는 공간이었기 때문입니다.

현대인들은 검은색이라고 하면 흔히 죽음이나 무엇인가 어두운 이미지를 떠올리게 됩니다. 실제로 고대 이집트에서도 검은색이 죽음과 연결되기도 했습니다. 그런데 검은 땅이라는 맥락에서는 아주 긍정적인 의미로도 사용되었습니다. 이 검은 흙이 생명력을 주고, 죽음 이후에도 이어지는 영원한 삶을 상징한다고 여겨졌던 것이죠. 그래서 부활과 관련된 대상이나 신들을 표현할 때, 검은색으로 칠하는 경우가 많았습니다.

검은 땅 너머로는 붉은 땅, 그러니까 사막이 펼쳐져 있었습니다. 고대 이집트인들에게 이 붉은 땅은 죽음의 공간으로 여겨졌죠. 피라미드를 포함한 대부분의 무덤들이 사막에 세워진 이유가 바로 여기에 있습니다. 물론 단순히 상징적인 이유 때문만은 아니었습니다. 실용적인 이유도 분명 있었죠. 나일강은 해마다 범람했기 때문에, 만약 강 주변의 비옥한 땅에 이런 중요한 기념물들을 지었다면 그 기념물들은 매년 수해를 입었을 것입니다. 그래서 영원히 남아야 하는 건축물

카르나크 신전

들은 범람원 밖 사막 지역, 즉 붉은 땅에 지을 수밖에 없었던 것이죠. 하지만 그렇다고 해서 피라미드나 신전이 사막 깊숙한 곳에 위치하고 있는 것은 아닙니다. 실제로는 검은 땅에서 사막으로 막 넘어가는 지점, 그 사막의 초입에 자리 잡고 있죠. 신전과 무덤은 한 번 세워지고 나면 끝이 나는 공간은 아니었습니다. 사람들이 꾸준히 찾아와 제사를 지내고, 의식을 행하며 기억을 이어가는, 살아있는 장소였죠. 그래서 삶의 공간인 검은 땅과 너무 멀지 않은, 사막 초입이 가장 이상적인 위치였던 것입니다. 고대 이집트인들은 기념물들의 내구성뿐만 아니라 접근성까지도 고려해서 위치를 선택했다고 할 수 있습니다. 지금도 이집트를 여행해 보면, 대부분의 유적이 도시 바로 근처, 사막이 시작되는 부분에 자리하고 있는 것을 확인할 수 있습니다.

한편, 현대의 이집트아랍공화국_{Arab Republic of Egypt}에서는 사막 지역이 영토에 포함되지만, 고대 이집트 문명에서 사막은 이집트 땅으로 간주되지 않았습니다. 이 사실은 고대 이집트인들의 지명 표기를 통해서 확인할 수 있습니다. 고대 이집트어로 단어를 쓸 때는 그 단어에 의미를 분명하게 하기 위해, 단어의 마지막에 소리는 없고 의미만 있는 '결정 문자'를 덧붙입니다. 검은 땅이라는 뜻을 갖고 있는 케메트라는 단어의 마지막에는 동그라미 안에 십자가가 들어간 글자가 덧붙여지는데, 이것은 마을을 형상화한 글자로, 고대 이집트인들이 친숙한 지명을 표기할 때 사용하는 글자였습니다. 케메트가 일종의 국명으로 사용되었던 지명임을 고려하면 이는 당연한 표기였습니다.

하지만 고대 이집트인들에게 사막은 이집트 땅이 아니라, 이집트의

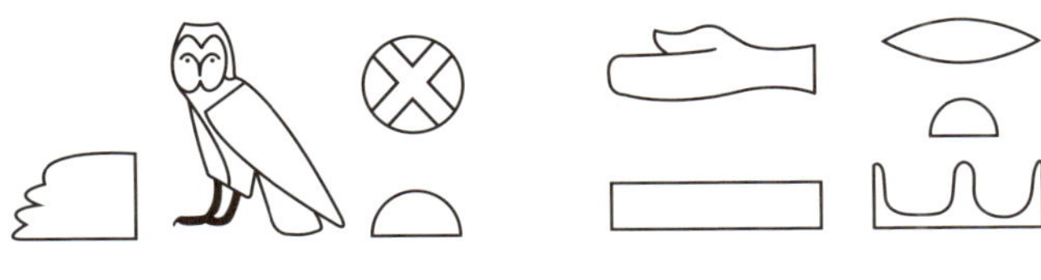

'케메트'와 '데슈레트'의 이집트 문자 표기

바깥, 즉 생명이 닿지 않는 죽음의 세계였던 것 같습니다. 그들은 사막을 지칭하는 붉은 땅이라는 의미의 '데슈레트'라는 단어를 표기할 때는, 봉우리가 세 개 그려진 모양의 글자를 결정 문자로 사용했습니다. 이 글자는 외국의 지명을 표기할 때 사용되던 결정 문자였죠. 요컨대, 사막, 즉 붉은 땅은 고대 이집트인들의 공간 인식 체계에서는 이집트 영역에 포함되지 않는 곳이었다는 이야기죠.

이런 측면에서 방송이나 서적에서 고대 이집트 문명을 설명할 때에 종종 보이는 '사막에서 탄생한 문명'이라는 표현은 정확하지 않다고 할 수 있습니다. 고대 이집트 문명은 검은 땅, 즉 나일강 유역에서 탄생했습니다. 나일강 주변의 비옥한 토양 위에서 상하 이집트로 구분된 사람들이 수천 년 동안 이어온 삶과 문화가 바로 고대 이집트 문명이었습니다. 또한 검은 땅과 붉은 땅이라는 표현은 단순히 물리적인 지형을 가리키는 말이 아니라, 이집트인들이 자신들의 세계를 어떻게 인식했는지를 보여주는 핵심 개념이라고도 할 수 있을 것 같습니다.

3강

이집트를 둘러싼
아홉 개의 활

Orientation

세계사 교과서를 보면 고대 이집트 문명을 종종 '고립된 문명'이라
고 소개합니다. 그리고 메소포타미아 문명의 개방성과 비교해 설명하
곤 하죠. 완전히 틀린 말은 아니지만, 또 그렇다고 100퍼센트 맞는 것
도 아닙니다. 사실 이집트가 얼마나 고립되어 있었는지는 시대와 상
황에 따라 꽤 달랐거든요.

지리적으로 보자면 이집트는 분명 외부와 단절된 환경에 놓여있었
습니다. 동쪽과 서쪽에는 끝없이 펼쳐진 사막, 바로 사하라_{Sahara} 사
막이 있었으니까요. 이 사막 한가운데 흐르는 나일강 주변의 비옥한
땅, 이른바 검은 땅이 바로 이집트인들이 살아가던 터전이었습니다.

물론 나일강이 있다고 해서 이동이 완전히 자유로운 것은 아니었습
니다. 남쪽에는 배가 지나가기 힘든 제1급류가 있었고, 북쪽에는 항해
하기 까다로운 지중해가 자리 잡고 있었죠(43쪽 지도 참고). 그런 만큼
외부에서 이집트로 들어오거나, 이집트에서 밖으로 나가는 것이 모두
쉽지는 않았습니다. 게다가 초기 왕조 시대와 고왕국 시대에는 이집
트에 견줄 만한 강력한 외부 세력도 거의 없었고, 땅 자체가 워낙 풍
부한 자원을 가지고 있어서 아주 적극적으로 외부와 교류할 필요도
크지 않았습니다. 그러다 보니 자급자족적이고, 또 고립된 성격을 띠
며 발달할 수밖에 없었죠.

이런 배경 때문에 이집트인들은 자신들이 살아가는 땅에 깊은 애착
을 가지게 되었고, 그 속에서 독특한 세계관을 만들어 냈던 것 같습니

다. 바로 '마아트Maat'라는 개념입니다. 고대 이집인들은 세상이 처음 만들어질 때 이집트 땅은 완벽하게 창조되었고, 그걸 가능하게 한 우주적 원리가 바로 마아트라고 믿은 것이죠. 마아트는 '우주적 질서', '정의', '규범'과 같은 말로 번역되는데요, 쉽게 말해 '이렇게 되어야 한다'라는 당위와 규칙, 그리고 그것이 정확하게 지켜지고 있는 완전한 상태를 의미한다고 보시면 됩니다.

이집트인들은 변화를 무척이나 싫어했습니다. 오히려 변화를 부정적으로 봤죠. 현대인들은 발전과 변화를 언제나 추구해야 한다는 생각을 갖고 있지만, 고대 이집트인들에게는 이미 세상이 완벽했기 때문에 굳이 바꿀 필요가 없었고, 또 더 나아가 바꿔서도 안 되는 것이었죠. 그래서 고대 이집트 문명은 문화적으로 엄청나게 보수적인 모습을 보였고, 무엇인가 한 번 정해진 것은 수천 년 동안 거의 바뀌지 않았습니다.

또 하나 흥미로운 점은, 이집트인들이 마아트가 이집트 땅에만 적용된다고 믿었다는 것입니다. 그래서 외부 세계는 불완전하고, 이집트만이 완전성을 갖고 있는 문명이라고 생각했었죠. 그렇다 보니 이집트는 제국을 세우고 주변을 정복하려 하기보다는, 자기 세계를 지키는 데에 더 관심을 두었습니다. 그렇다고 외부 세계와 전혀 교류하지 않았던 것은 아닙니다. 때로는 전쟁을 통해서 자원을 가져오기도 했고, 상대가 만만치 않으면 외교적 관계를 맺기도 했습니다.

고대 이집트 문명은 결코 완전히 고립된 문명이 아니었습니다. 다만 지리적 조건과 독특한 세계관이 결합해, 외부보다 자기 내부를 더 단단하게 지켜내려 했던 문명이었다고 할 수 있죠.

저는 바로 여기서부터 이야기를 시작하려 합니다. 나일강과 사막, 그리고 마아트가 만들어 낸 이집트의 세계. 그 안에서 이집트인들이 어떻게 살았고, 어떤 생각을 하며 문명을 이어갔는지, 지금부터 함께 살펴보도록 하겠습니다.

주변 지역과의 교류

이제부터 이집트가 교류했던 지역들이 어디인지 한번 살펴보겠습니다. 먼저 아래의 지도를 보시죠.

레반트Levant라고 불리는 지역이 있고, 메소포타미아도 있습니다. 신왕국 시대가 되면, 이집트의 강력한 라이벌이 되는 히타이트Hittite도 있는데, 지금의 튀르키예 내륙 지역에 해당합니다. 남쪽으로는 이집트와 바로 붙어있는 누비아가 있고, 그보다 더 남쪽에는 푼트Punt라는 지역도 있죠.

먼저 레반트 지역과의 교류부터 이야기해 보겠습니다. 레반트는 동지중해 지역을 가리키는 말인데, 지금으로 치면 이스라엘, 팔레스타인, 요르단, 레바논, 시리아 정도가 여기에 해당합니다. 이집트와는 지리적으로 꽤 가까웠기 때문에 아주 이른 시기부터 서로 교류가 있었죠. 심지어 문명이 본격적으로 시작되기 전, 선사 시대부터 그 흔적이 나타납니다.

신왕국 시대의 이집트와 주변 지역

그럼 이집트인들은 왜 이 먼 지역까지 나갔을까요? 그 이유들 가운데 하나는 이 지역에서 이집트보다 훨씬 더 질 좋은 포도주가 생산됐기 때문입니다. 또 훌륭한 목재의 산지이기도 했는데요, 여러분들 '레바논 삼나무' 혹은 '레바논 백향목'이라는 이름 들어본 적 있으신지 모르겠어요. 바로 이 나무가 이집트인들이 레반트 지역에서 확보하려고 했던 나무입니다. 나무는 배를 만들거나 건축을 할 때 꼭 필요한 자원이었기에 이집트인들에게는 반드시 확보해야 할 물자였습니다. 이 때문에 그들은 레반트로 진출해 질 좋은 나무와 포도주를 얻으려 했습니다.

레반트는 자원뿐 아니라 지정학적으로도 이집트에 매우 중요한 곳이었습니다. 이집트와 메소포타미아를 연결하는 전략적 요충지였고, 동시에 키프로스 같은 지중해 섬으로 나아가는 출구 역할도 했죠. 키프로스에서는 청동을 만드는 데 필요한 구리가 풍부하게 생산됐습니다. 구리는 청동기 문명을 유지하기 위해서 꼭 필요한 자원이었기 때문에, 이집트 입장에서는 레반트를 절대 놓칠 수 없었습니다. 특히 신왕국 시대에는 군사력까지 적극적으로 동원해서, 사실상 레반트를 통치하다시피 했습니다. 이집트 관리들을 직접 파견하기도 했죠.

고대 이집트와 메소포타미아는 늘 세계 최초 문명권으로 함께 언급되지만, 사실 두 지역이 직접 이어져 있었던 것은 아니었습니다. 직접적인 접촉은 드물었지만, 서로의 존재를 알고 있었고 문화적으로도 어느 정도 영향을 주고받은 흔적이 남아있습니다.

앞서 말씀드렸듯, 두 지역의 교류는 대부분 레반트를 거쳐 이루어졌습니다. 광활한 사막이 가로막고 있었기 때문에, 이집트와 메소포타미아가 직접 연결되기는 쉽지 않았던 것이죠. 이집트에서 메소포타

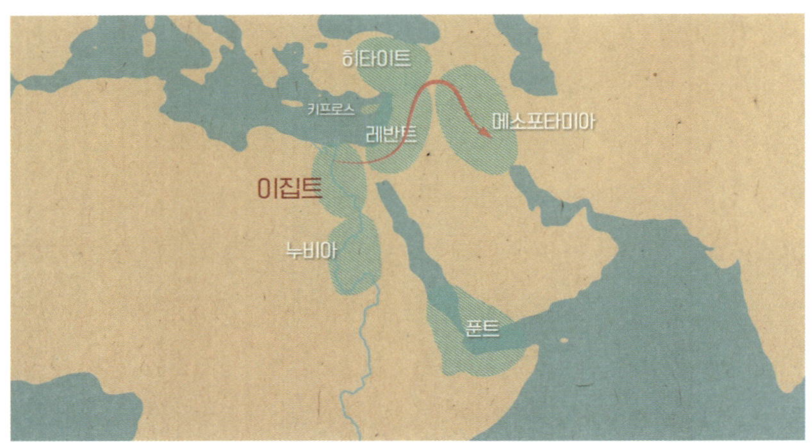

레반트를 거쳐 가야 했던 메소포타미아

미아로 이동하려면 먼저 동지중해 해안, 즉 레반트 지역을 지나야 했습니다. 보다 구체적으로는 지중해 해안을 따라서 쭉 북쪽으로 올라갔다가 유프라테스 강의 상류에서부터 남쪽으로 내려가는 길이었습니다. 바로 이 경로가 이집트와 메소포타미아 간의 교류를 위해 사용된 길이었습니다.

이 두 문명 사이의 가장 중요한 교역 대상은 무엇이었을까요? 바로 금이었습니다. 사실 메소포타미아는 금이 부족한 지역이었어요. 반대로 이집트는 금이 정말 풍부했죠. 금은 메소포타미아 상류층에게도 아주 귀중한 물건이었고, 특히 왕실에서는 장신구나 신상을 만들기 위해 많은 금이 필요했습니다. 그래서 메소포타미아 왕국의 통치자들은 이집트 파라오에게 '제발 금 좀 보내주세요'라는 서신을 꽤 많이 써 보냈습니다.

바빌로니아의 왕인 부르나부리아쉬Burna-Buriash 2세가 이집트의 파라오 아케나텐Akhenaten(재위 기원전 1352~1336년)에게 보낸 서신을 그 예로 들 수가 있는데요, 바빌로니아 왕은 서신에서 이렇게 부탁합니다.

"신전을 만들기 위해 금이 필요하니 금 좀 보내주십시오."

물론 파라오는 이미 금을 보냈지만, 바빌로니아 왕은 금이 충분하지 않다고 불만을 표시한 것입니다.

금을 요청하는 바빌로니아 왕의 서신(런던 영국 박물관)

이때 바빌로니아에서 금에 대한 답례로 보낸 물품은 '라피스 라줄리'로 불리는 '청금석'과, '말'이었습니다. 실제로 이집트 파라오들은 외국 왕들에게 종종 선심 쓰듯 금을 보내주기도 했습니다. 이런 식으로 메소포타미아의 강국들과 외교적 목적을 갖고 교류를 했던 것이죠.

자, 그러면 이제 이집트 최고의 라이벌, 히타이트와의 관계를 살펴볼게요. 히타이트는 지금의 튀르키예 내륙 지역에서 기원전 18세기경부터 시작된 나라입니다. 고대 이집트, 조금 더 구체적으로는 신왕국 시대의 이집트와 나중에 제국화된 히타이트, 이 두 나라는 고대 근동 외교사에서 가장 긴장감 넘치는 관계를 보여줍니다. 말하자면 숙명의 라이벌 같은 느낌이죠. 지리적으로는 거리가 좀 있었지만, 레반트라는 전략적 요충지를 사이에 두고 두 나라는 강력한 이해관계를 공유했습니다. 레반트는 자원도 풍부하고, 교역의 거점이자 군사적 요충지로서 히타이트와 이집트 양쪽 모두에게 매력적인 지역이었습니다. 그래서 이곳을 둘러싸고 두 나라는 충돌할 수밖에 없었죠. 신왕국 시대 동안, 투트모스Thutmose 3세를 비롯한 많은 파라오들이 레반트 지역으로 적극적으로 진출했습니다.

히타이트 제국 역시 기원전 1350년경, 왕위에 오른 수필룰리우마Suppiluliuma 1세 이후 시리아 지역 내에서 영향력을 계속 확장했습니다. 이때부터 레반트 패권을 놓고 히타이트와 이집트는 본격적으로 경쟁을 시작합니다. 결국 양국 사이의 갈등은 기원전 1274년에 극단으로 치닫습니다. 이때 발생한 사건이 바로 카데시Kadesh 대전이죠.

카데시 대전

카데시 전투는 인류 역사상 비교적 상세하게 기록이 남아있는 최초의 군사 충돌 중 하나입니다. 다양한 자료들을 통해서 당시의 전황을 꽤 자세히 추적할 수 있는데요, 전투 당시 이집트는 파라오 람세스Ramesses 2세(재위 기원전 1279~1213년)가, 히타이트는 무와탈리Muwatalli 2세가 통치하고 있었습니다.

이집트와 히타이트는 카데시라는 전략적 요충지를 놓고 수만 명의 병력과 수천 대의 전차를 동원해 전투를 벌였습니다. 이집트 병력은 대략 2만에서 2만 5,000명 정도였던 것으로 추정되고, 히타이트는 조금 더 많아서 최대 4만 명 정도가 참전한 것으로 여겨집니다. 굉장히 치열한 전투가 벌어졌지만, 결과는 사실상의 무승부였습니다. 그럼에도 불구하고 양국 모두 자국의 승리로 선전을 했죠. 람세스 2세는 전투 승리를 기념하기 위해 많은 기념물을 남겼고, 신전 벽면도 화려하게 장식했습니다. 히타이트 역시 자신들의 우위를 다양한 방식으로 과시했죠. 카데시 대전은 무승부로 끝났지만 전쟁은 여기서 끝나지 않았습니다. 두 나라는 이후 약 16년 동안 전쟁을 이어갔습니다.

하지만 결국 서로 상대를 완전히 제압하지 못했고, 결국 외교적 해결책을 찾게 됩니다. 그 결과 맺어진 것이 바로 '카데시 평화 조약'입니다.

이 조약은 기원전 1259년에 체결되었습니다. 이집트에서는 여전히 람세스 2세가, 히타이트에서는 왕이 바뀌어 하투실리Hattusili 3세가 직접 서명했습니다. 현재까지 알려진 기록 중 가장 이른 평화 조약 중 하나라, '세계 최초의 평화 조약'이라고 불리기도 합니다.

이집트-히타이트 평화 조약문(카르나크 신전)

조약 내용도 흥미롭습니다. 서로 침략하지 않겠다는 상호 불가침 조항과, 아시리아나 다른 외부 세력이 공격할 경우 서로 도와야 한다는 상호방위조약도 포함되어 있습니다. 망명자 송환과 송환 이후 불처벌 조항도 있었고요. 실제로 이 평화 조약은 양국 모두의 의해서 존중이 되었고, 이집트와 히타이트는 오랫동안 평화로운 관계를 유지했습니다. 히타이트가 멸망할 때까지도 조약은 지켜졌죠.

누비아의 저항

그렇다면 남쪽 지역과의 관계는 어땠을까요? 이집트가 가장 오랫동안 밀접하게 관계를 맺었던 곳은 누비아였습니다. 이집트와 누비아는 나일강을 통해 연결되어 있었죠. 하지만 누비아는 단순한 교류 대상이 아니라, 이집트가 끊임없이 착취하던 지역이었습니다. 특히 이집트가 통일되어 힘이 강할 때, 요컨대 고왕국, 중왕국, 신왕국 시대 동안에는 누비아를 철저하게 착취했죠. 하지만 이집트의 힘이 떨어지면 누비아의 저항이 시작되기도 했습니다. 이런 착취와 저항의 과정은 이집트 문명이 이어지는 동안 반복적으로 나타납니다.

이집트가 누비아를 지속적으로 통제하려 한 이유는 누비아가 풍부한 천연자원을 갖고 있었기 때문입니다. 흑단, 상아, 동물 가죽 등도 있었지만, 무엇보다 중요한 자원이 있었는데, 바로 금입니다. 금은 이집트가 근동 전체에서 패권을 유지하는 데 아주 유용한 자원이었습니다. 어떤 측면에서 금은 '전략자원'이라고도 할 수 있었던 것 같은데, 이 금이 누비아에서 엄청나게 많이 생산되었습니다. 이집트는 전통적으로 누비아 내 몇몇 거점들만 장악하고, 군사적 요새를 세워 통제하는 식으로 관리했지만 신왕국 시대가 되면서부터는 누비아를 완전히 이집트화하려는, 보다 적극적인 통치를 시도했습니다. 일종의 문화통치였죠.

이 과정에서 이집트인들은 누비아 지역에 많은 신전을 세우고, 이집트의 이데올로기를 누비아에 이식하려고 노력했습니다. 또한 이집트의 파라오들은 누비아 부족장들의 자녀를 이집트로 데려와서 이집트식으로 교육시키기도 했는데요, 이건 단순한 지배가 아니라, 문화적으로 누비아 전체를 이집트화하려는 노력의 일환이었습니다. 여러분이 영상이나 사진에서 한번쯤 보셨을 아부심벨 신전도 이런 과정에서 세워진 것이죠. 즉, 아부심벨 신전은 이집트 땅이 아니라 누비아 지역에 세워졌습니다. 물론 지금은 이 지역이 현대 이집트 영토에 포함되어 있지만요.

파라오에게 조공을 바치는 누비아의 왕자(후이의 무덤, 룩소르 서안)

(왼쪽부터) 누비아 왕조의 파라오들(수단 케르마 박물관), 25왕조의 피라미드(수단 메로에)

아부심벨 대신전

이 누비아에 대한 이집트화 작업은 꽤 성공적이었던 것으로 보입니다. 신왕국 시대가 끝나고, 제3중간기의 말엽이 되면, 그러니까 대략 기원전 8세기 중반 무렵이 되면, 과거에 이집트의 착취를 받던 누비아인들이 이번에는 역으로 이집트를 정복하게 됩니다. 바로 25왕조(기원전 747~656년) 시대죠. 그런데 25왕조 파라오들은 누비아인이긴 했지만, 이미 완전하게 이집트화되어 있었습니다. 이들은 오히려 자신들도 이집트 사람이라는 것을 적극적으로 주장했습니다. 25왕조 시대의 파라오들은 전통적인 이집트 왕묘 형식이었던 피라미드를 다시 왕묘로 사용하기 시작했는데, 이것도 역시 그 주장의 일환이었습니다.

이집트는 누비아보다 더 남쪽에 위치한 푼트라는 지역과도 교류를 했습니다. 푼트는 오늘날의 소말리아, 에티오피아, 수단 동부 해안, 혹은 예멘 부근의 지역으로 추정됩니다. 고대 이집트인들은 푼트를 '신들의 땅'이라고 부르기도 했는데, 일종의 이상향이나 아주 신성한 땅으로 인식했었던 것으로 보입니다.

푼트에서는 귀중한 자원이 많이 나왔습니다. 유향, 몰약과 같은 향료, 향나무, 흑단, 상아, 표범 가죽, 그리고 원숭이나 기린과 같은 아주 이국적인 동물들도 푼트를 통해 들어왔습니다. 특히 신전에서 사용할 물자들이 많았기 때문에, 푼트는 자연스럽게 성스러운 땅으로 여겨졌죠. 푼트의 위치가 정확히 밝혀진 것은 아니지만, 배를 타고 홍해를 통해 남쪽으로 항해하면 닿을 수 있는 지역으로 추정됩니다.

이집트 파라오들은 고왕국 시대부터 신왕국 시대까지 계속해서 푼트로 원정대를 보냈습니다. 물품을 확보하기 위해서였죠. 특히 신왕

신왕국 시대 여성 파라오 하트셉수트(뉴욕 메트로폴리탄 박물관)

국 시대 여성 파라오 하트셉수트Hatshepsut(재위 기원전 1473~1458년)의 장례 신전 기록이 가장 유명합니다. 그 기록에는 원정대가 배를 타고 가는 모습, 푼트 지역 주민들의 생활 모습, 주택 형태, 그리고 향나무가 뿌리째 뽑혀 배에 실리는 장면까지 상세히 묘사되어 있습니다.

아홉 개의 활

　이집트는 외국과 적극적으로 교류를 시도했습니다. 하지만 관념적으로 보면, 이집트인들은 바깥세상, 그러니까 외국을 멸시하는 경향이 있었습니다. 이집트어에는 '아홉 개의 활'이라는 '페제트-페세제트'라는 말이 있었는데요, 이것은 관용적으로, 이집트의 적들을 나타내는 표현입니다. 문자로 쓰이기도 하고, 시각적인 상징으로 사용되기도 했죠.

　'활'이라는 글자의 음가는 '페즈'인데, '펼치다'나 '넓다' 정도의 의미를 갖고 있고요, 숫자 '9'는 '전체'를 의미합니다. 따라서 '아홉 개의 활'이라는 표현은 단순히 적을 뜻하는 걸 넘어, 이집트 바깥세계 전체, 끝없이 펼쳐진 외국 땅들을 은유적으로 나타낸 것이라고도 할 수 있습니다.

　앞에서 설명해 드린 '마아트'라는 개념을 기억하고 계실 겁니다. 마아트는 '정의'와 '질서', '완전한 상태'를 뜻하죠. 이 마아트에 대비되는 개념이 있는데, 바로 '이세페트Isefet'입니다. 이세페트는 '혼돈'이나 '무질서'로 번역할 수 있죠. 이집트인들에게 마아트는 반드시 지켜야 하는 것이었고, 이세페트는 끊임없이 제압하고 통제해야 하는 대상이었습니다.

아홉 개의 활(페제트-페세제트)

'아홉 개의 활'이라는 표현으로 은유되는 외국, 그러니까 외국인들은 고대 이집트인들에게 이세페트, 즉 무질서하고 정의롭지 못한 세계에 속해있는 존재로 여겨졌던 것 같습니다. 외국의 적들을 제압하거나 억압하는 모습을 시각적으로 보여주는 표현이 이집트에서는 자주 사용됩니다. 예를 들면 파라오가 적들의 머리채를 잡고 무기로 내리치는 장면 같은 것이죠. 이런 장면은 이집트 문명이 시작될 때부터 끝날 때까지, 무려 3000년 넘게 계속해서 사용됩니다. 물론 이런 표현은 선전을 목적으로 사용되기도 했겠지만, 동시에 어떤 주술적인 의미도 담겨있었을 것입니다.

고대 이집트인들에게는 조금 재미있거나 짓궂은 습관도 있었는데요, 파라오의 발밑에 적들을 그려 넣은 것이죠. 대표적인 예가 바로 투탕카멘Tutankhamen(재위 기원전 1336~1327년)의 황금 왕좌 발판입니다.

발판을 보면, 외국인과 활이 그려져 있는데, 파라오가 여기에 발을 올리면 자연스럽게 외국의 적, 즉 이세페트가 파라오의 발밑에 굴복하는 장면이 연출됩니다. 이외에도 많은 파라오들의 석상을 보면 발밑에 외국인들이 다양한 방식으로 그려져 있는 것을 볼 수 있습니다. 어떤 석상에는 활이 아홉 개가 그려지기도 하고, 어떤 그림에는 실제 사람의 모습이 그려지기도 했는데, 모두 파라오의 발밑에서 굴복당한 적들을 상징하는 것이죠.

이런 모습들을 보면, 고대 이집트인들은 외국인들을 상당히 경멸하고 심지어 혐오하기도 했던 것으로 보입니다. 그런데 흥미로운 점은요, 이 혐오와 멸시는 사람 자체가 아니라 공간, 즉 이집트 바깥의 땅에 대한 것이었다는 것이죠.

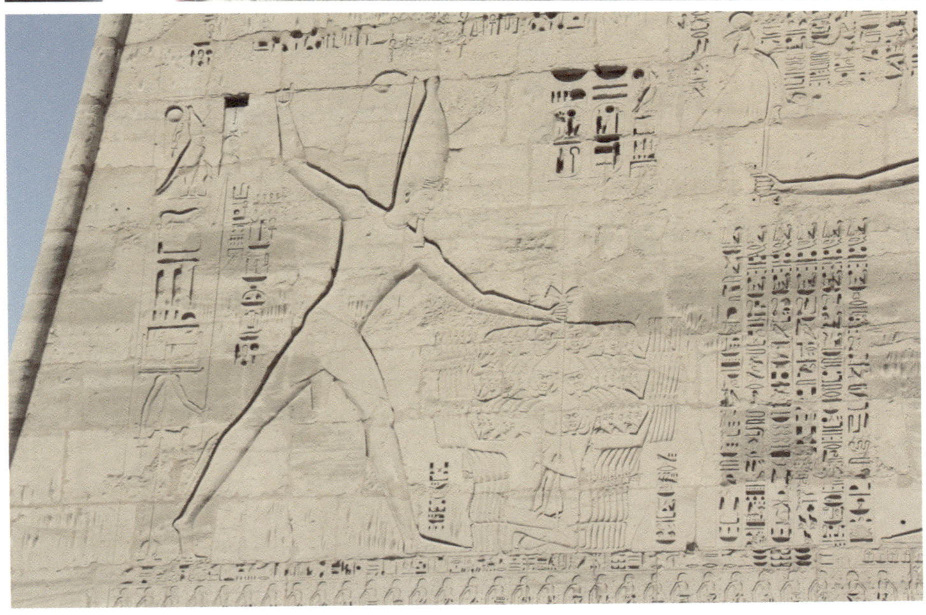

적들의 머리채를 잡고 공격하는 파라오((위부터) 아부심벨 소신전, 람세스 3세의 장례 신전)

투탕카멘의 황금 왕좌와 발판(카이로 이집트 박물관)

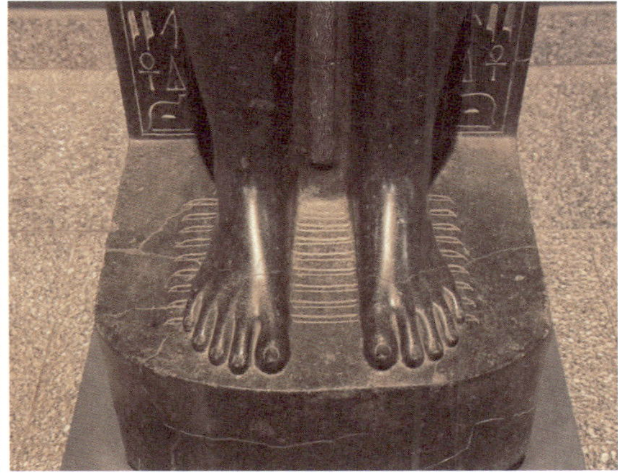

발밑에 '아홉 개의 활'이 표현된 투트모스 3세의 석상(룩소르 박물관)

파라오의 발밑에 굴복당한 적들(아부심벨 대신전)

출신이 외국이라고 해도 그 사람이 이집트에 들어와 이집트식으로 살아가면, 그 사람은 자연스럽게 이집트인으로 받아들여졌었던 것으로 여겨집니다. 대표적인 인물이 '아페르 엘Aper-El'이라는 사람인데요, 이 사람은 아시아 출신일 가능성이 높습니다. 이름이 이집트식이 아닙니다. '아페르'는 하인을 의미하고, '엘'은 이스라엘 지방에서 숭배되던 신의 이름입니다. 즉 '엘의 하인'이라는 뜻이죠. 놀랍게도 이 아페르 엘은 이집트에서 총리까지 승진합니다. 그가 이민 1세대인지 2세대인지 분명하지는 않지만, 외국 출신임에도 차별받지 않고 결국 일반인이 도달할 수 있는 최고의 지위에 오른 것이죠.

또 다른 예로 '마이헤르페르Maiherpri'라는 인물이 있습니다. 그는 누비아 출신으로, 그의 무덤에서 출토된 사자의 서에서 그는 실제로 흑인으로 그려져 있습니다. 하지만 차별받지 않고 투트모스 4세(재위 기원전 1400~1390년)의 총애를 받아 엄청난 특권을 누렸습니다. 심지어 그의 무덤은 왕들의 계곡에 있는데, 이곳은 원래 왕의 무덤만 만들 수 있는 장소였습니다. 즉, 파라오가 특별히 허락해서 무덤을 만들 수 있었던 것이죠.

이와 관련한 흥미로운 기록도 하나 소개해 드리려고 합니다. 헤로도토스의 기록인데, 그가 쓴 『역사』에는 외국인 이민자들이 이집트의 관습을 따르지 않아 갈등이 생긴 이야기가 나옵니다. 결국 사람들은 신의 뜻을 묻기로 하고, 이집트 최고의 신인 아멘Amen에게 신탁을 구합니다. 아멘 신은 이렇게 결론 내리죠.

‘엘레판티네의 북쪽, 제1급류보다 하류 지역에서 나일강의 물을 마시며 살아가는 이들은 모두 다 이집트인이다.’

즉, 고대 이집트인에게 정체성을 결정하는 기준은 출신이나 생김새, 그의 이름 같은 것들이 아니라 ‘이집트’라는 공간이었던 것입니다.

고대 이집트인들은 자신들이 살아가던 ‘검은 땅’을 무척이나 사랑했었던 것 같습니다. 그렇다 보니 외부 공간은 어디가 되었던 모두 멸시하게 되었던 것이고요. 하지만 외국 출신이라고 하더라도 이집트 땅에서 온전하게 살아가면, 그대로 이집트인으로 받아들였던 것으로 보입니다. 이들의 공간에 대한 집착과 애정은 어마어마한 수준이었던 것으로 여겨집니다.

4강

고대 이집트의
신과 함께

Orientation

여러분은 혹시 고대 이집트 신 중에 기억나는 이름이 있으신가요?

아마 태양신 '라Ra', 저승의 왕 '오시리스', 왕권의 신 '호루스Horus', 신비로운 여신 '이시스', 그리고 자칼 머리를 한 '아누비스Anubis' 등을 떠올리시는 분들이 많을 것 같습니다.

고대 이집트는 다신교 사회였습니다. 신의 수는 셀 수 없을 만큼 많았는데요, 학자들에 따르면 약 1,500명에서 2,000명, 어떤 이들은 5,000명에 달했을 것이라고도 말합니다.

이토록 신들이 많은 이유는 간단합니다. 필요에 따라 새로운 신들은 계속 생겨났고, 하나의 신이 여러 신으로 나뉘거나 비슷한 신들이 하나로 합쳐지는 일이 자주 있었기 때문이죠. 이런 특성 때문에 이집트의 신앙은 매우 유연하고 독특한 모습을 띠게 됩니다. 그 대표적인 예가 바로 '제우스 아멘Zeus Amen'입니다.

고대 이집트 신

제우스(로마 바티칸 박물관)

아멘(룩소르 카르나크 신전)

제우스 아멘(리버풀 세계 박물관)

제우스Zeus는 고대 그리스 신화에서 최고의 신, 그리고 아멘은 이집트에서 가장 높은 신으로 오랫동안 숭배받았습니다. 그런데 기원전 332년, 알렉산드로스가 이집트를 정복하면서 역사는 새로운 전환점을 맞이하게 되죠. 결국 이집트에는 그리스계 왕조인 프톨레마이오스 왕조가 세워지고, 지배층은 그리스인들로 교체가 됩니다. 그들은 이집트의 아멘과 자신들의 제우스 사이에 닮은 점이 많다는 것을 발견했고, 결국 두 신을 하나로 합치게 됩니다. 이렇게 해서 탄생한 신이 제우스 아멘이죠. 제우스 아멘의 모습은 두 신의 특징을 모두 담고 있습니다. 얼굴은 우리가 박물관에서 자주 보는 그리스 제우스상과 비슷하지만, 머리에는 숫양의 뿔이 달려있는데요, 이 숫양이 아멘 신의 상징입니다.

이처럼 고대 이집트인들은 신에 대해 매우 유연한 사고방식을 가지고 있었습니다. 신의 성격이나 상징이 조금만 비슷해도 같은 신으로 여기곤 했는데요, 이 때문에 종교적 갈등이 거의 없었고, 서로 다른 문화와 믿음이 비교적 평화롭게 공존할 수 있었습니다.

그렇다면, 고대 이집트인들은 신을 일반적으로 어떻게 불렀을까요?

각 신은 '라', '아멘', '프타Ptah', '오시리스'처럼 자신만의 이름이 있었지만, '신'이라는 일반 명사를 표현할 때는 '네체르'라는 단어를 썼습니다. 이 단어의 정확한 어원은 아직 밝혀지지는 않았습니다.

'신'이라는 단어는 특별한 모양의 신성문자로 표기되는데, 글자는 깃대와 그 위에 달린 깃발의 모습을 하고 있습니다.

ntr
네체르

'신'이라는 뜻으로 쓰인 신성문자

이 깃발은 단순한 장식이 아니라, 신의 존재를 상징하는 표식이기도 했습니다. 이 글자는 고대 이집트 전 시기에 걸쳐 사용되었고, 실제 신전의 입구에도 글자와 비슷한 모양의 깃발이 세워져 있었습니다. 이와 관련한 아주 이른 시기의 흔적도 고고학 발굴을 통해서 확인됩니다. 선왕조 시대의 신전 유적으로 여겨지는 히에라콘폴리스의 29A 유적에서도 깃대를 꽂았던 흔적이 발견되었죠. 물론 현재 남아있는 여러 신전의 탑문에서도 그 자취를 볼 수 있습니다. 탑문은 신전의 정문 역할을 하는 거대한 벽체 구조물인데, 이 탑문에는 좌우 대칭적으로 깃대를 고정하기 위한 홈이 남아 있습니다. 고대 이집트적인 맥락에서 깃발은 신을 상징하며, 신전이 바로 '신의 집'임을 알려주는 표식이었던 것이라 할 수 있습니다.

이집트인들은 신들이 하늘에 머물면서도 동시에 인간의 세계 속에서 보이지 않게 존재한다고 믿었습니다. 그리고 신전은 신과 인간이 만나는 가장 신성한 공간으로 여겨졌습니다. 신전의 가장 깊은 곳에는 지성소를 만들어 신상을 모셨고요. 신상은 주로 돌로 만들어졌는데, 그 안에는 실제로 신의 영혼이 깃들어 있다고 믿어졌습니다. 그래

서 신전은 단순한 건물이 아니라, 신의 존재가 머무는 신성한 장소로
여겨졌던 것입니다.

이제부터 우리가 살펴볼 이야기는, 바로 이러한 고대 이집트의 신
들에 관한 것입니다.

에드푸의 호루스 신전의 지성소

에드푸 신전의 탑문 정면

에드푸 신전의 탑문 복원도
(『Pierers Konversationslexikon』(1891) 수록 삽화)

고대 이집트에 깃든 신

　고대 이집트의 신들은 대부분 자연현상이나 사회적 현상과 깊게 연결되어 있었습니다. 신들은 특정한 현상 속에 내재해 있거나, 그 현상 자체가 신으로 여겨졌죠. 신격화되는 대상에는 사물이나 장소처럼 물리적 실체를 가진 것들이 많았습니다. 하지만 한편으로는 실체가 없는 추상적인 개념, 또는 힘이나 에너지 같은 것들도 신으로 여겨졌습니다. 예를 들어, '슈Shu'는 세상의 모든 공기를 신격화한 존재입니다. 하늘은 '누트Nut'라는 여신으로, 땅은 그녀의 남편 '게브Geb'로 신격화되었고, 나일강은 '하피'라는 신으로 표현되었습니다. 이처럼 자연현상이 신격화되는 사례는 매우 흔했습니다.

　반면, 조금 더 관념적이고 철학적인 존재들도 신으로 여겨졌습니다. 고대 이집트 전통에서 창조주들은 세상을 창조할 때 생각을 말로 표현하여 창조를 수행했습니다. 이 과정에서 창조주의 생각을 '시아Sia', 창조할 때 발화한 말을 '후Hu', 그리고 창조 과정에서 발현된 신비로운 힘을 '헤카Heka'라고 불렀습니다. 이것은 모두 각각 하나의 신으로 여겨졌죠. 고대 이집트인들은 눈에 보이는 자연과 공간뿐 아니라, 생각과 말, 창조의 힘과 같은 추상적 개념까지도 신성화하며 세상을 이해하려 했던 것입니다.

　앞서 우리는 고대 이집트 세계관에서 중요한 개념인 마아트를 살펴본 적이 있습니다. 마아트는 단순히 도덕적 질서나 우주의 원리뿐 아니라, 여신으로 신격화되기도 했는데요, 이것 역시 신으로 인격화하여 숭배한 것이라고 볼 수 있습니다.

슈　　　　누트　　　　게브　　　　하피

공기, 하늘, 땅, 나일강의 신

시아　　　　후　　　　헤카

추상적인 개념으로 신성화된 시아, 후, 헤카

또한 동일한 대상이 여러 신으로 분리되어 각각 신격화되는 경우가 있었습니다. 대표적인 예가 '태양'이죠. 우리에게 가장 익숙한 태양신은 '라'이지만, 고대 이집트의 태양신은 라만 있는 것이 아닙니다. 태양의 다양한 속성이나 상태를 여러 신으로 신격화했죠. 아침에 동쪽에서 떠오르는 태양은 '케프리Khepri'로, 정오의 태양, 그러니까 남쪽 하늘에 떠있는 전성기의 태양은 '라'로 여겨졌습니다. 그리고 서쪽으로 지는 태양은 '아툼Atum', 태양 원반 자체는 '아텐Aten', 작열하는 태양의 광선은 '멘투Mentu'라는 신으로 각각 신격화되었습니다.

이처럼 고대 이집트인들은 하나의 자연현상을 단순히 하나의 신으로만 보지 않고, 그 속성이나 상태에 따라 여러 신으로 나누어 섬기는 독특한 종교적 사고를 보여줍니다.

마아트 여신

신의 마법, 헤카

　고대 이집트인들은 인간을 신들의 피조물로 여겼습니다. 즉, 고대 이집트적 세계관 속에서의 인간은 신들보다 분명히 열등한 존재였습니다. 그러나 아무런 책임도 없는 존재는 아니었습니다. 인간에게도 이 세상과 우주를 온전하게 유지해야 하는 의무가 부과되어 있었는데, 바로 마아트, 우주적 질서를 지키는 책임이었습니다. 그 방법에는 여러 가지가 있었지만, 가장 중요한 것은 신들을 잘 섬기고 제물을 바치며 예배를 드리는 일이었습니다. 신들을 제대로 섬길 때만 세상이 안정되고, 인간들의 삶도 평화롭고 행복할 수 있다고 믿었기 때문입니다. 이 과정에서 파라오는 인간과 신을 중재하고 연결하는 중요한 역할을 맡았습니다(파라오에 대한 이야기는 다음 강의에서 더 자세히 다루겠습니다).

　그렇다면, 신들은 왜 인간보다 우월한 존재로 여겨졌을까요? 바로 '헤카'라는 힘 때문입니다. 헤카는 신들이 자연을 구성하고, 그들의 행동이 세계에 영향을 미치도록 하는 근원적이고 초월적인 힘이었습니다. 창조신이 세상을 창조할 때 사용한 신비로운 힘 역시 헤카였으며, 일반적으로 '마법'으로 번역되기도 합니다. 그 예로 이시스 여신을 들 수 있는데요, 이시스는 헤카를 사용하여 이미 죽은 자신의 남편이자 오빠인 오시리스를 부활시키기도 했습니다. 헤카는 초자연적인 사건을 일으킬 수 있는 강력한 힘이었던 것이죠. 물론 헤카가 신들의 전유물만은 아니었습니다. 인간들도 일상에서 헤카를 활용할 수 있다고 믿어졌죠. 질병 치료와 같은 주술적 방법에 활용되었고, 부적을 사용해 헤카의 힘이 작동하기를 기대하기도 했습니다. 대표적인 기록이 '브루클린Brooklyn 마법 파피루스'입니다. 이 파피루스에는 독사나 전염병을 퇴치하기 위한 주문이 적혀있습니다.

"내가 이시스처럼 말한다. 나는 너의 독을 중지시키고 너의 독이 내 몸을 떠나게 하리라. 호루스가 치유되었듯이 나도 치유되리라."

이처럼 헤카는 신들은 물론 인간에게도 영향을 미치며, 실용적·주술적으로 활용될 수 있는 힘으로 여겨졌습니다.

고대 이집트의 의학 파피루스(뉴욕 브루클린 박물관)

신과 인간의 관계

고대 이집트에는 정말 많은 신들이 있었습니다. 각 신은 특정 지역에서 열심히 숭배되었고, 그 지역에는 자연스럽게 신전을 세워 신을 모셨죠. 이 신들은 지역의 수호신으로 여겨졌고 이렇게 해서 지역 중심의 숭배 구조가 만들어졌습니다.

투탕카멘의 황금 마스크를 보면 이마 부분에 코브라와 대머리수리가 장식되어 있는 것을 볼 수 있습니다. 이 두 상징은 단순한 장식이 아니라, 각각 와제트Wadjet 여신과 네크베트Nekhbet 여신을 나타냅니다. 와제트는 하이집트의 수호신이었고, 네크베트는 상이집트의 수호신이었죠. 와제트의 중심지는 하이집트의 부토Buto, 네크베트의 중심지는 상이집트의 네켑Nekheb이었습니다. 신들의 숭배와 권위는 특정 지역과 아주 밀접하게 연결되어 있었습니다.

투탕카멘의 황금 마스크(대이집트 박물관)

그런데 신들의 지위와 영향력은 시대가 바뀌면서 달라지기도 했습니다. 그 예로 아멘 신을 들 수가 있죠. 아멘은 원래 테베Thebae, 지금의 룩소르Luxor 지역의 지역신이었습니다. 고왕국 시대에는 그렇게 중요한 신이 아니었죠. 당시 이집트에서 가장 권위 있는 신은 태양신 라, 아툼, 그리고 멤피스의 주신主神 프타였습니다. 그런데 중왕국 시대에 들어서면서 상황이 달라집니다. 룩소르 지역에 기반을 두고 있던 세력이 이집트를 통일하면서 자연스럽게 자신들이 믿던 아멘 신이 전국적인 신으로 떠오르게 된 것이죠. 그때부터 아멘은 점점 강력한 힘을 가지게 되었고, 신왕국 시대가 되면서 라, 프타와 어깨를 나란히 하거나 어떤 때는 그보다 더 큰 영향력을 갖는, 최고신의 위치에 오르게 됩니다.

하지만 아멘이 최고신이 되었다고 해서 다른 신들이 사라지거나 무시된 것은 아닙니다. 각 지역에서는 여전히 자신들만의 신화와 신을 중심으로 숭배가 이어졌습니다. 멤피스에서는 프타를 중심으로 한 창조신화가 전해졌고, 헬리오폴리스Heliopolis에서는 아툼을 중심으로 한 신화가 여전히 큰 힘을 가졌습니다. 이렇게 지역마다 신이 다르다 보니 서로의 신을 더 위에 두려는 경쟁도 있었습니다. 멤피스에서는 '프타가 헬리오폴리스의 아툼을 창조했다'라고 주장했고, 룩소르에서는 '아멘이 아툼을 만들었다'라고 이야기했습니다. 그래서 이집트 신화를 보면, 서로 모순되는 이야기가 정말 많습니다. 하지만 단순한 혼란이 아닙니다. 이것은 고대 이집트인들의 사고방식을 보여주는 부분이라고 할 수 있습니다. 현대인들은 논리적이고 일관된 설명을 선호하지만, 고대 이집트인들은 모순된 이야기들도 함께 존재할 수 있다고 생각했습니다. 그들은 각자의 경험과 신앙을 하나의 법칙으로 통합하려 하지 않았고, 서로 다른 신화들도 모두 나름의 진실로 받아들였죠. 그래서 이집트 신화를 이해하려면 '정답은 하나'라는 생각보다는 여러 해석이 공존할 수 있다는 관점으로 보는 것이 중요합니다.

헬리오폴리스 신화

이집트에는 정말 다양한 신화 체계가 존재했는데요, 그중에서도 가장 잘 알려진 것이 바로 헬리오폴리스 신화입니다. 아마 제가 이 신화를 들려드리면, 어디선가 한번쯤 들어본 듯한 느낌을 받으실 겁니다. 그럴 만도 한 게, 이 신화는 그 자체로도 워낙 유명할 뿐만 아니라 그 이야기 구조가 여러 문화와 작품 속에서 변주되며 지금까지도 다양한 형태로 이어지고 있기 때문입니다. 예를 들어 볼까요? 1994년에 제작된 디즈니의 〈라이온 킹〉에서도 보면, 헬리오폴리스 신화 체계의 후반부 내용과 매우 비슷한 이야기의 구조를 발견할 수 있습니다.

이집트 신화에서는 세트Set가 형 오시리스를 죽이고 왕위를 차지하게 되자 오시리스의 아들 호루스가 성인이 된 후 작은 아버지와의 싸움 끝에 아버지의 원한을 갚고, 잃어버린 왕좌를 되찾는데요, 〈라이온 킹〉에서는 왕이었던 무파사가 동생 스카의 배신으로 세상을 떠나자 후에 아들인 심바가 스카를 무너뜨리고 무너진 왕국의 질서를 바로 세웁니다. 결국 두 이야기는 모두 '정당한 후계자가 혼돈을 몰아내고 세상의 질서를 회복한다'라는 같은 주제를 담고 있습니다.

헬리오폴리스는 그리스식 이름입니다. '태양의 도시', 말 그대로 태양신을 섬기는 도시였죠. 그래서 이 지역에서 전해 내려온 신화 속에서는 태양신 라, 그리고 그와 동일시되는 창조신 아툼을 중심으로 세상의 기원과 신들의 계보가 펼쳐집니다.

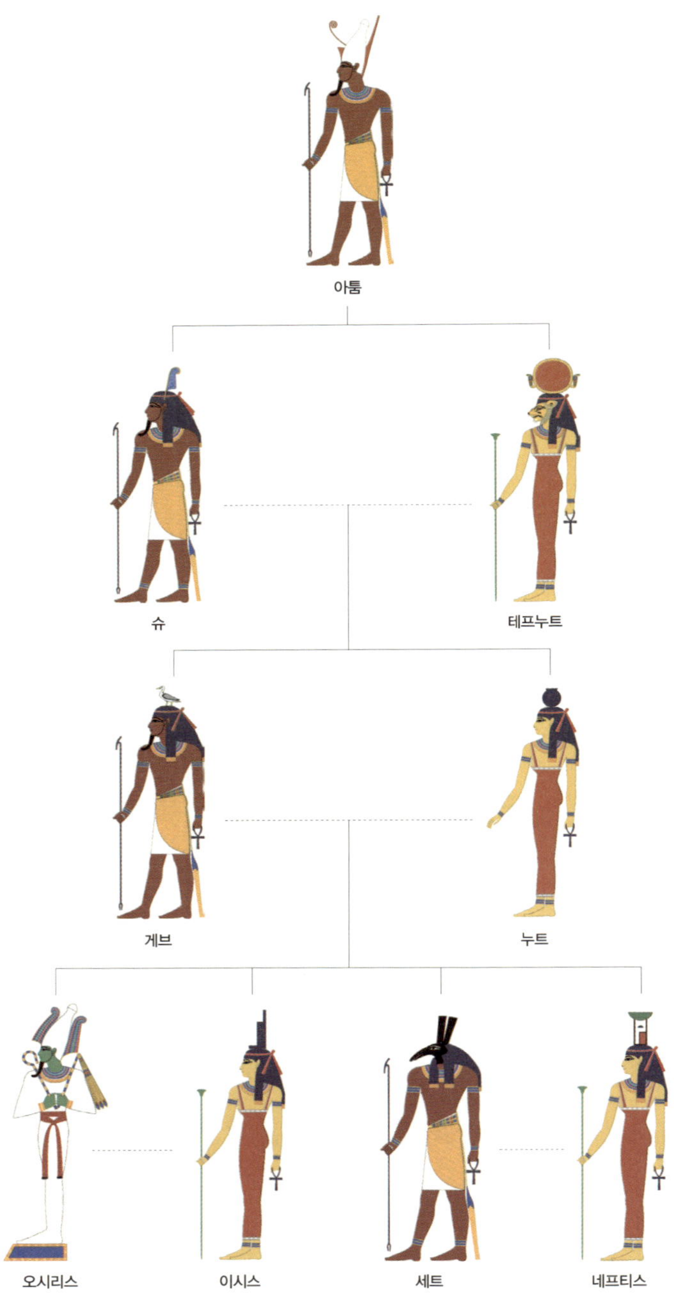

아툼을 중심으로 시작된 이집트의 아홉 신

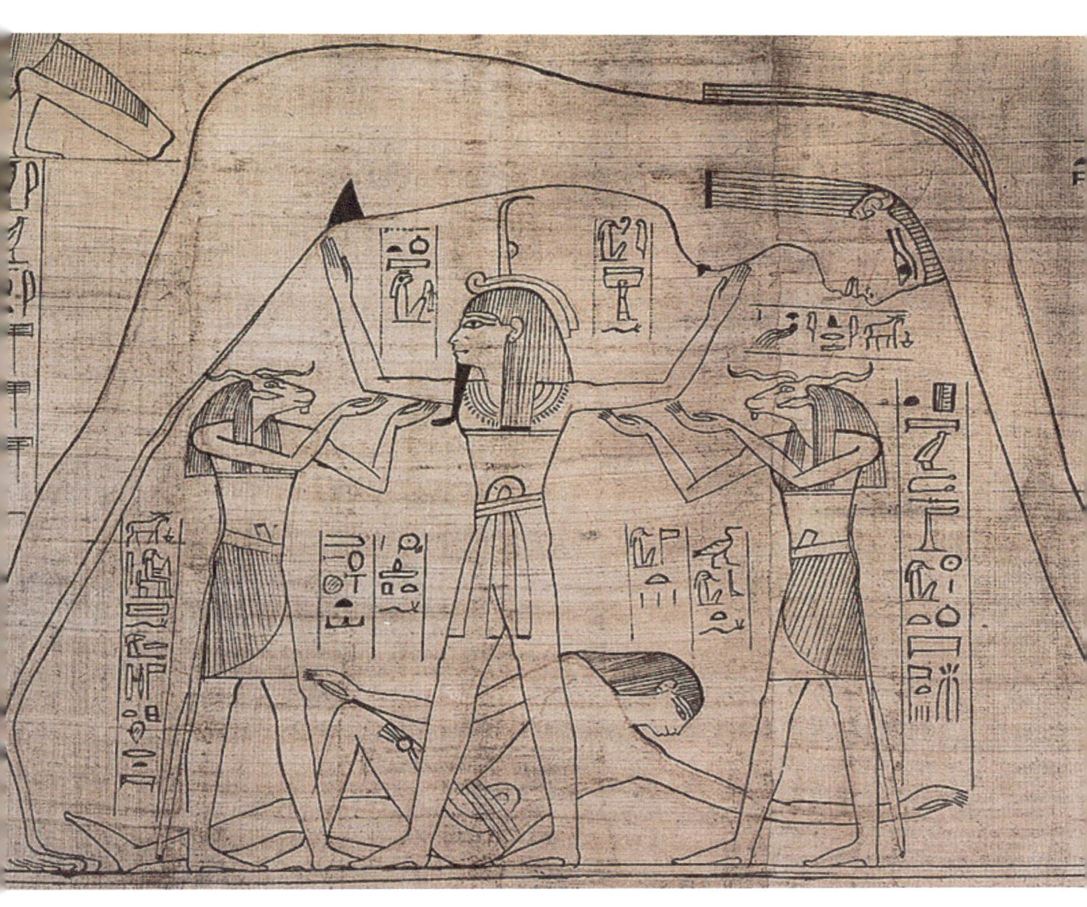

누트와 게브, 그리고 슈(런던 영국 박물관)

헬리오폴리스 신화는 단순히 종교적인 이야기로만 머물지 않고 파라오의 신성함과 그를 중심으로 한 고대 이집트 국가 체계의 정당성을 뒷받침하는 사상적 기반으로도 작용했습니다. 헬리오폴리스 신화에 따르면, 세상이 만들어지기 전에는 아무것도 없는 혼돈의 상태가 있었다고 합니다. 이 혼돈을 고대 이집트어로 '눈Nun'이라고 불렀습니다. 그런데 이 혼돈의 바다 속에서 '태초의 언덕'이 불쑥 솟아오르고, 그 위에 아툼 신이 홀로 존재하게 됩니다. 아툼은 스스로 모든 생명의 가능성을 품은 존재였죠. 그래서 혼자서 자가생식을 통해 자식들을 낳습니다. 그 자식들이 바로 공기의 신 '슈', 그리고 습기의 여신 '테프누트Tefnut' 입니다.

이 두 신은 남매이자 부부가 되어 대지의 신 '게브'와 하늘의 여신 '누트'를 낳습니다. 슈는 공기의 신으로서 누트를 들어올려 하늘과 땅을 분리하고 세상의 질서를 세우는데요, 이 장면은 이 세계가 '혼돈에서 질서로' 넘어가는 순간을 상징합니다.

게브와 누트 또한 남매였지만, 이들 역시 부부가 됩니다. 이 부부 사이에서 네 명의 신이 태어나죠. 첫째는 죽음과 부활, 그리고 사후세계를 다스리는 신 '오시리스', 그다음은 마법과 사랑, 어머니의 속성을 지닌 여신 '이시스', 그리고 혼돈과 폭풍, 폭력의 신 '세트', 마지막으로 죽은 자를 보호하고 애도하는 여신 '네프티스Nephthys'입니다. 이렇게 아툼에서 시작해 오시리스와 네프티스에 이르기까지 모두 아홉 신이 등장하는데, 이들을 합쳐 '엔네아드Ennead'라고 부릅니다. 말 그대로 '아홉 신'이라는 뜻이죠.

이 아홉 신은 고대 이집트 신화 체계의 중심을 이루며, 창조와 질서, 죽음과 부활 같은 삶의 근본적인 개념을 하나의 연속된 이야기로

엮어냅니다. 오시리스와 이시스는 부부가 되고, 세트와 네프티스 역시 부부가 됩니다. 이 중 오시리스는 첫째 아들로서, 아툼과 슈, 게브로 이어지는 신들의 왕권을 정당하게 계승한 존재였습니다. 그런데 동생 세트가 이 오시리스를 질투하죠. 결국 세트는 형을 죽이고, 시신을 조각내어 이집트 전역에 흩뿌린 뒤 왕위를 빼앗습니다. 오시리스의 아내이자 여동생인 이시스는 남편의 시신을 찾아 이집트 전역을 헤매다가, 마침내 조각난 시신을 모두 찾아 모으게 되죠. 이 과정에서 여동생 네프티스와, 자칼 머리를 하고 있는 신 아누비스가 도와줍니다. 이시스는 그들의 도움으로 오시리스의 시신을 다시 결합시켰는데, 이것이 신화적으로는 최초의 미라라고 할 수 있습니다.

이시스는 자신의 마법, 즉 헤카의 힘을 이용해 오시리스를 부활시킵니다. 그리고 부활한 오시리스와 결합해 아들 호루스를 잉태하죠. 호루스의 탄생은 죽음 속에서 생명이 되살아나는 부활과 재생의 상징으로 여겨집니다. 오시리스는 부활했지만, 이 세상에는 머물 수 없었습니다. 이집트인들이 믿었던 부활은 우리가 흔히 영화에서 보는 것처럼 미라가 벌떡 일어나 사람들을 쫓아다니는 그런 식의 부활이 아니었습니다. 이집트에서의 부활은 지상으로 돌아오는 것이 아니라, 내세에서 부활하는 것을 의미합니다. 그래서 오시리스는 부활한 뒤 저승으로 가서 그곳의 왕이 됩니다. 이승의 세상은 여전히 세트가 통치하고 있었고, 호루스는 어머니 이시스의 보호 아래 숨어 성장합니다.

미라를 제작하는 아누비스(나크트아멘의 무덤, 룩소르 서안 데이르 엘–메디나)

후네페르의 〈사자의 서〉(런던 영국 박물관)

〈파피루스 덤불 속에서 호루스를 젖 먹이는 이시스〉(『The Gods of the Egyptians』 II(1904) 수록, 컬러 도판)

하마로 표현된 세트를 공격하는 호루스(에드푸 호루스 신전)

세트의 눈을 피해 숨어 지내면서도, 호루스는 언젠가 아버지의 원수를 갚겠다는 뜻을 품고 자라나죠. 성인이 된 호루스는 마침내 작은 아버지 세트와 맞서 싸웁니다.

이 싸움은 단순한 복수가 아닌, 우주적 질서와 혼돈의 대결이었습니다. 앞에서도 설명해 드렸듯이 이집트인들은 세상의 질서를 마아트, 그 반대인 혼돈과 무질서를 이세페트라고 불렀는데요, 호루스와 세트의 싸움은 바로 이 두 힘이 충돌하는 상징적인 전쟁이었습니다.

치열한 싸움 끝에 결국 호루스가 승리를 거두며 그는 아버지의 왕권을 되찾게 됩니다. 그리고 이집트의 정당한 통치자로 인정을 받게 되죠. 오시리스는 사후 세계에서 왕이 되고, 호루스는 살아있는 세계에서 파라오가 됩니다. 이로써 세상의 질서가 완성됩니다. 그래서 이집트의 모든 파라오들은 호루스의 현신現身, 즉 호루스가 인간의 모습으로 나타난 존재로 여겨졌습니다. 파라오의 통치는 신이 세운 질서 위에서 이루어지는 신성한 통치였던 것이죠. 그리고 죽은 파라오는 저승에서 오시리스와 하나가 되어 새로운 생명을 이어간다고 믿어졌습니다.

헬리오폴리스 신화와 그 후반부를 장식하는 호루스 신화는 단순히 신들 사이의 싸움이나 영웅담이 아닙니다. 이 이야기는 이집트 문명이 가진 세계관과 가치관을 보여줍니다. 정의가 혼돈을 이기고, 죽음 속에서 생명이 다시 태어나며, 왕권이 신성한 계보 속에서 이어진다는 이 구조는 이집트인의 삶과 정치, 장례문화, 그리고 철학적 사고방식까지 깊게 영향을 미쳤습니다.

이번 강의는 조금 복잡하게 느껴졌을지도 모르겠습니다. 아마도 우리가 사는 현대의 사고방식과 고대 이집트인들의 세계관이 다르기 때문이겠죠. 하지만 이 이야기를 통해 그들이 세상을 어떻게 이해했는지, 또 신과 인간, 삶과 죽음의 관계를 어떤 시선으로 바라봤는지를 조금은 느끼실 수 있었을 것입니다.

곽민수의
다시 만난
고대문명
(이집트)

5강

파라오,
이집트 문명의 근간

Orientation

자, 이제부터는 고대 이집트의 파라오에 대해서 이야기를 해볼까
요?

파라오는 이미 다들 짐작하고 계시는 것처럼 고대 이집트의 왕이었
습니다. 그런데 파라오는 단순한 국가의 통치자인 것만은 아니었습
니다. 그들은 신성한 권위를 지닌 존재이자, 세계의 질서, 다시 말해
서 '마아트'를 지켜야 하는 공적인 의무를 지닌 공무 수행자이기도 했
습니다. 고대 이집트의 역사를 통틀어 파라오는 정치, 군사, 종교, 사
회, 경제 등 모든 영역에서 절대적인 영향력을 행사했습니다. 한 나라
의 왕이면서도, 이 세계를 원래의 조화로운 모습으로 유지해야 하는
사회적이자 우주적인 책무를 동시에 지닌 존재였습니다. 고대 이집트
의 역사는 사실상 파라오들의 연대기라고 해도 과언이 아니죠.

꽤 널리 쓰이는 '파라오'라는 말은 원래 고대 이집트어로는 '페르-
아아'라는 단어였습니다. 이 단어를 고대 그리스인들이 '파라오'라고
음차했던 것이죠.

'페르'는 '집'을, '아아'는 '위대한'이라는 뜻을 가지고 있습니다. 고대
이집트어에서는 주로 형용사가 명사 뒤에 오기 때문에, '페르-아아'는
'위대한 집'이라는 뜻이 되죠. 이 단어는 처음에는 왕궁을 가리키는 말
이었지만, 시간이 지나면서 자연스럽게 왕 그 자체를 의미하게 되었
습니다.

파라오에게 주어진 역할은 정말 다양했습니다. 먼저 정치적인 지도자로서 나라의 질서를 유지하고, 백성들이 평화롭고 풍요롭게 살아갈 수 있도록 해야 했습니다. 나일강의 수위가 적절히 유지되도록 신에게 기도하고, 강을 관리해 식량 생산에 차질이 없도록 하는 것도 중요한 일이었죠. 만약 나일강이 제대로 범람하지 않아 기근이 들면, 왕실의 곡물창고를 열어 백성들이 굶지 않도록 했습니다. 또 법령을 제때 공포하고, 이를 공정하게 적용해 사회의 질서와 정의가 유지되도록 하는 것도 파라오의 책임이었습니다. 다시 말해, 백성들의 평온한 삶을 보장하는 것이 파라오의 아주 중요한 임무였던 셈이죠.

파라오에게는 종교적인 역할도 매우 중요했습니다. 사실 파라오는 단순한 왕이 아니라, 신과 인간을 이어주는 최고 제사장, 즉 신과 인간 사이의 중재자이기도 했습니다. 신전에서 이루어지는 모든 제사와 의례의 중심에는 언제나 파라오가 있다고 여겨졌죠. 물론 실제로 제사를 지내는 건 신관들이었지만, 이론적으로는 파라오가 직접 신에게 제사를 올린다고 생각되었습니다. 하루에도 전국에서 수많은 제사가 이루어졌지만, 그 모든 제사가 사실상 파라오의 이름으로 진행된 셈이었죠. 심지어 평범한 백성이 죽은 자를 위해 제사를 지낼 때조차, 그 제사는 파라오가 신에게 바치는 것으로 여겨졌습니다. 보편적으로 사용되던 제문을 보면 이런 구절이 있습니다.

이렇게 오시리스 신의 여러 칭호가 이어지고, 그다음에는 왕이 제
물을 바친다는 내용이 나오죠. 이것은 '음성 봉헌'이라 불렸는데, 실제
로 제사를 올리지 않아도 이 주문을 외우면 그 효과가 나타난다고 믿
어졌던 것이죠. 그리고 이어서 제사에 필요한 제물 목록이 나오는데
요, 빵, 맥주, 소머리, 가금류, '알라바스터'라고 하는 귀한 돌, 린넨
등의 물품들이 이 목록에 포함되어 있었습니다. 이 제물들은 왕에 의
해서 신에게 바쳐지고, 신이 받은 제물들을 죽은 자에게 나누어 준다
고 믿어졌던 것이죠. 결국 파라오는 백성의 삶과 죽음, 그리고 신의
세계를 연결하는 존재였던 셈입니다.

군사적인 역할도 빼놓을 수 없었죠. 파라오는 외적의 침입으로부터
나라를 지켜야 했고, 때로는 직접 군대를 이끌고 전장에 나서기도 했
습니다. 특히 투트모스 3세는 평생 약 스무 차례에 걸쳐 해외 원정을
수행한 것으로 알려져 있습니다. 그만큼 파라오는 강력한 군사 지도자
이기도 했던 것이죠.

파라오는 널리 생각되는 것처럼 모든 것을 자의적으로 선택할 수 있
는 절대 권력자이기만 했었던 것은 아닙니다. 널리 통용되던 파라오의

네수트
(왕)
디
(주다)
우시르
(오시리스)
제두
(부시리스_도시)
네체르
(신)
아아
(위대한)
아베두
(아비도스-도시)
호테프
(제물)
네브
(주인)
네브
(주인)
디
(주다)
페레트-케루
(음성봉헌)
카
(소)
케트
(물건)
엔
(―를 위해)
에프
(그, 3인칭 남성형)
아페트
(조류, 가금류)
메네케트
(린넨)
네브
(모든)
우아브
(순결한)
앙케트
(살아가는)
네체르
(신)
임
(―에 의해서)
카
(영)
엔
(―의)
테
(빵)
헨퀘트
(맥주)
세쉬
(알라바스터, 설화석고)
네체르
(아름다운)

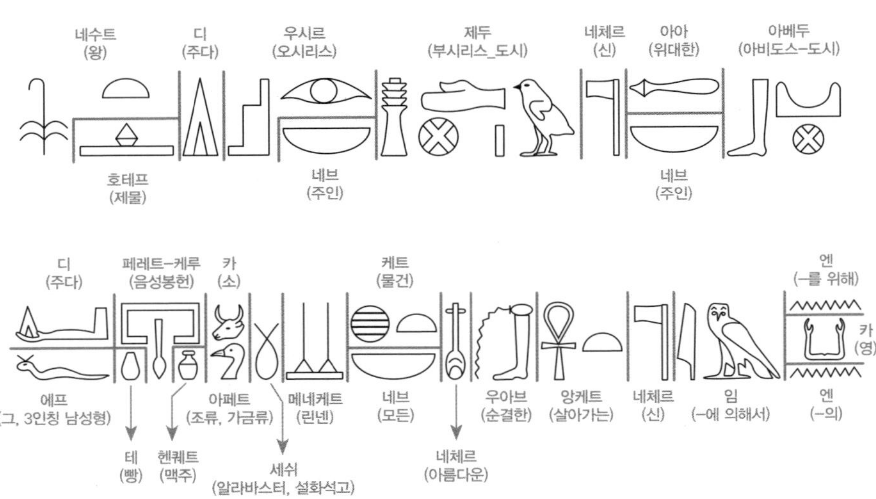

제문 해석

책무에 관한 문장이 있습니다. 바로 이런 내용이죠.

'마아트를 세우고, 이세페트를 물리쳐라.'

여기서 마아트는 우주적 질서와 정의를, 이세페트는 혼돈과 무질서를 뜻합니다. 즉, 파라오는 나라와 백성만이 아니라 세계의 균형과 정의를 바로 세워야 하는 존재였던 것이죠. 그들은 신의 대리자이자, 인간 세상에서 질서를 유지하는 수호자였습니다.

그들의 삶은 단순한 권력에 관한 기록이 아니라, 세계를 질서 있게 유지하려 했던 인간의 노력과 신앙의 이야기이기도 합니다.

자, 그러면 이제부터 보다 구체적으로 파라오들에 관한 이야기를 해보도록 하죠.

투트모스 3세(룩소르 박물관)

파라오의 이름

파라오는 많은 이름을 가지고 있었습니다. 보통 다섯 가지 이름을 썼는데요, 여기에는 출생명, 즉위명, 호루스 이름, 황금 호루스 이름, 그리고 두 여주인의 이름이 포함됩니다. 이집트 왕들 사이에는 동명이인이 정말 많았는데, 이를테면 아멘호테프Amenhotep는 1세부터 4세까지 있었고, 투트모스도 1세부터 4세까지, 람세스는 무려 11세까지 있었죠.

그렇다면 이렇게 같은 이름의 파라오들을 학자들은 어떻게 구분할까요? 사실 이들은 모두 같은 출생명을 가지고 있습니다. 우리들이 일반적으로 사용하는 람세스, 투트모스, 아멘호테프 같은 이름들은 모두 출생명입니다. 그런데 나머지 네 개의 이름이 각각의 파라오들마다 모두 다 다릅니다. 그렇기 때문에 이 이름들을 통해서 람세스 1세인지, 2세인지, 3세인지 구분할 수 있는 것이죠.

출생명은 말 그대로 태어날 때부터 갖게 되는 이름입니다. 지금 우리들의 이름과도 같다고 할 수 있죠. 그러니까, 파라오들의 출생명은 그들이 파라오가 되기 전, 평범한 인간으로서 갖게 되었던 이름이라고 할 수 있습니다. 그리고 이 이름 앞에는 항상 '사−라'라는 칭호가 붙는데, '사'는 '아들', '라'는 태양신 '라'를 뜻합니다. 고대 이집트의 왕을 종종 '태양신의 아들'이라 부르는 이유가 바로 여기에 있습니다. 이 출생명은 '카르투쉬'라 불리는 타원형의 틀 안에 쓰여졌습니다.

그다음으로는 즉위명이라는 이름이 있습니다. 즉위명은 파라오가 왕위에 오르며 새롭게 받는 이름이죠. 이 이름 앞에는 '네수트−비티',

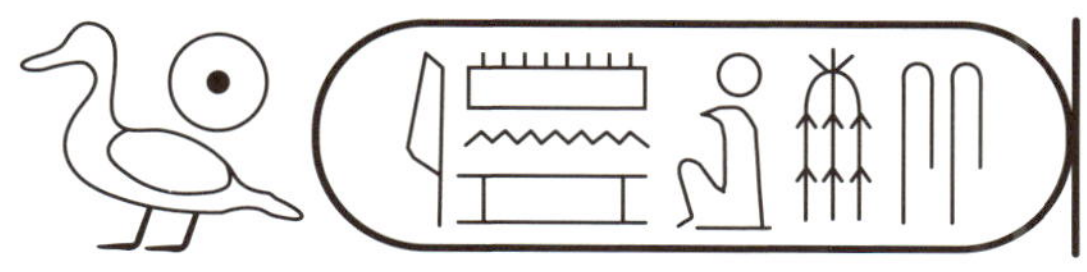

출생명이 새겨지는 카르투쉬

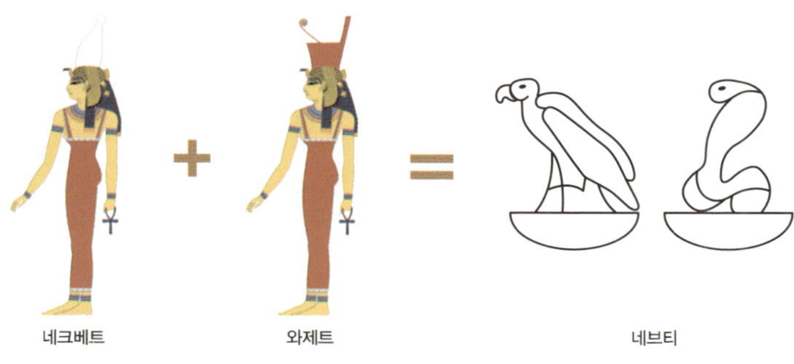

네크베트   와제트   네브티

두 여주인의 이름 '네브티'

즉 '상－하 이집트의 왕'이라는 칭호와, '네브－타위', '두 땅의 주인'이라는 표현이 붙습니다. 즉위명 역시 출생명과 마찬가지로 카르투쉬 안에 적히죠.

그 외에 '두 여주인의 이름'이라는 것도 있습니다. 이 이름은 상하 이집트의 통치권과 관련되어 있는데요, 상이집트의 수호 여신 네크베트와 하이집트의 수호 여신 와제트를 상징하는 글자로 시작합니다. 이 두 글자를 합쳐서 '네브티', 즉 '두 여주인'이라고 읽습니다.

파라오의 이름들 가운데 가장 오래된 이름은 호루스 이름입니다. 이 이름은 이집트가 통일되기 전부터 존재했던 것으로 여겨지고, 초기 왕조 시대의 파라오들 대부분은 호루스 이름으로만 알려져 있습니다. 호루스 이름은 종종 '세레크'라 불리는 직사각형 틀 안에 쓰이는

(왼쪽부터) 매가 그려진 파라오 덴의 세레크와 네 발 달린 동물이 그려진 페르이브센의 세레크

데, 틀 아래쪽에는 요철 무늬가 들어가 있습니다. 이것은 왕실을 상징하는 문양이고, 이 문양을 '왕궁 정면 문양'이라고 합니다. 그 위에는 파라오의 이름이 기록되고, 사각형 틀의 위에는 보통 호루스 신을 상징하는 매 한 마리가 그려져 있죠. 그런데 이 매가 단 한 번 사라진 적이 있습니다. 2왕조 시대 페르이브센Peribsen(재위 기원전 2750년경)의 재위기 동안인데, 이때는 매 대신, 호루스의 라이벌 신인 세트를 상징하는 네 발 달린 동물이 그려졌습니다. 아마도 이 시기에는 세트를 섬기는 세력이 호루스를 숭배하던 세력을 압도했기 때문으로 보입니다. 이 정치적 상황은 우리가 앞서 살펴본 '호루스와 세트의 다툼 신화'와도 관련이 있는 것으로 추정됩니다.

마지막으로, 황금 호루스 이름이 있습니다. 이것은 금을 뜻하는 상형문자 옆이나 위에 호루스의 매가 그려진 형태로 시작됩니다. 이 이름의 정확한 의미는 아직 명확하지 않지만, '금'이라는 상징 때문에 '세트에 대한 호루스의 승리'를 나타낸다고 보는 견해가 가장 널리 받

황금 호루스 이름

아들여집니다. 또 어떤 학자들은 이 이름이 '왕의 이름이 금처럼 영원히 남기를 바라는 염원'을 담고 있다고 보기도 합니다.

파라오의 상징

　파라오는 아주 특별한 존재였습니다. 그렇기 때문에 일반 사람들과는 다른, 특별한 의미를 지닌 상징물을 사용했죠. 이 상징물의 의미를 조금 알고 계시면, 나중에 이집트를 여행하시거나, 혹은 이집트 유물이 전시된 박물관을 방문하실 때 훨씬 더 흥미롭게 관람하실 수 있을 것입니다. 왜냐하면 이 상징물들은 이집트 전 시대에 걸쳐 거의 동일한 의미로 사용되었기 때문이죠. 그러니까 몇 가지 상징만 알아두셔도, 무려 3500년에 이르는 고대 이집트의 긴 역사를 훨씬 풍부하게 이해하실 수 있습니다.

　왕관은 2강에서 이야기했으니 넘어가고요, '네메스'를 살펴보겠습니다. 네메스는 일종의 두건입니다. 투탕카멘의 황금 마스크에서 파라오가 쓰고 있는 것으로 표현되는 머리 장식, 그것이 바로 네메스입니다. 이 네메스의 실물 유물은 아직까지 확인되고 있지 않지만, 헝겊으로 만들어 착용했을 것으로 추정됩니다. 투탕카멘의 황금 마스크 뒷면에도 헝겊을 묶은 모습이 표현되어 있죠. 이 황금 마스크에는 이마에 코브라가 달려있고, 그 옆에 대머리수리도 함께 표현되어 있습니다. 코브라는 하이집트의 수호 여신 와제트를, 대머리수리는 상이집트의 여신 네크베트를 상징합니다. 이 두 여신이 함께 등장한다는 것은, 이 파라오가 상하 이집트를 모두 통치하는 존재임을 의미합니다.

　또 하나, '케프레쉬'라고 불리는 푸른색 관도 있습니다. 이것은 금속으로 만들어졌을 것으로 추정되는데, 전장에 나갈 때 쓰는 투구로 쓰이거나, 혹은 특별한 의식용 왕관으로 사용되었습니다.

네메쓰를 쓴 투탕카멘 황금 마스크의 앞과 뒤(대이집트 박물관)

케프레쉬를 쓴 아멘호테프 3세(베를린 신박물관)

파라오가 자주 손에 들고 있는 것으로 나타나는 물건들도 각각 특별한 상징을 지니고 있습니다. 가장 대표적인 것이 갈고리 모양의 '헤카'와 도리깨 모양의 '네케크'인데, 이 두 물건은 파라오가 백성을 다스리고 보호하는 존재임을 나타냅니다. 헤카는 목자의 지팡이에서 유래하고, '백성을 인도하고 지킨다'라는 의미를 담고 있는 것으로 여겨집니다. 네케크는 농부의 도리깨에서 비롯되어 '질서를 세우고 그 무질서를 물리치는 권위'를 상징한다고 생각됩니다. 즉, 파라오가 백성을 돌보는 '보호자'이자, 질서를 세우는 '통치자'라는 두 얼굴을 함께 보여주는 상징인 것이죠.

파라오의 조각상이나 부조를 자세히 보면, 주먹을 꽉 쥔 손 안에 작은 원통형 물건이 들어있는 걸 발견할 수 있는데요, 이것은 '메케스'라고 부릅니다. 메케스는 파피루스 두루마리를 담는 통으로 사용되었는데, 또 때로는 왕의 이름이 쓰여진 인장으로 기능하기도 했습니다. 메케스 역시 파라오의 신성한 권위와 통치권을 나타내는 상징물이었죠.

또한 파라오들은 종종 황소 꼬리로 만든 벨트를 허리에 차고 있는 모습으로 표현됩니다. 이건 단순한 장식이 아니라, 황소가 지닌 힘과 생명력, 그리고 생식력을 파라오와 연결시키는 상징입니다. 다시 말해 파라오가 강인한 힘과 풍요의 원천이라는 걸 보여주는 것이죠. 또한 파라오의 얼굴을 보면, 거의 예외 없이 턱수염이 달려있는데요, 길고 뾰족하게 뻗은 이 턱수염은 실제 털이 아니라, 부착식 가짜 턱수염이었습니다. 끈으로 묶거나, 귀 뒤쪽으로 걸어 마스크처럼 착용했을 것으로 추정되죠. 이 긴 턱수염은 오직 파라오만 착용할 수 있었던 상징으로, 왕의 신성함과 권위를 드러냈습니다. 귀족들은 파라오를 흉

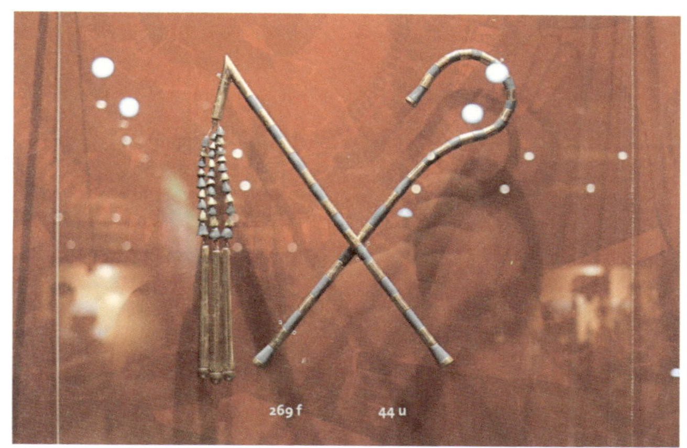

헤카와 네케크(투탕카멘 무덤에서 출토(레플리카))

내 내어 짧은 턱수염을 붙이기도 했지만, 그건 어디까지나 왕에 대한 존경과 모방의 표현이었습니다.

신과 인간 사이

자, 이쯤에서 여러분들게 한번 질문을 던져보겠습니다.

과연 파라오는 진정한 신이었을까요?

아마 많은 분들이 이집트의 파라오라고 하면, '사실상 신이 아니냐'라고 생각하실 것 같습니다. 실제로 파라오는 이집트 신들 가운데서도 특히 태양신 '라'나 '아멘 신의 아들'로 여겨졌습니다. 또 어떤 경우에는 호루스 신 그 자체, 혹은 호루스 신이 지상에 실제로 나타난 상태로 생각되기도 했죠. 파라오의 즉위식을 그린 장면을 보면, 파라오가 신들로부터 왕권을 수여받는 모습이 강조되어 있습니다. 이것은 단순히 장식적인 그림이 아니라, 파라오와 신 사이의 친밀성을 시각적으로 보여주는 것이죠. 그러니까 파라오는 왕위에 오르는 순간, 단순한 인간에서 벗어나 신들의 혈통을 잇는 존재가 된다고 믿어졌던 것입니다.

파라오는 분명 신성한 존재였습니다. 그리고 그가 지닌 왕권 역시 신들로부터 계승된, 신성한 권한이었죠. 놀랍게도 이런 왕권의 개념은 외국인 파라오들에게도 똑같이 적용되었습니다. 페르시아의 다리우스Darius 1세가 이집트를 정복했을 때도, 그에게 이집트의 신성한 왕권이 적용되었고, 이후 알렉산드로스나 프톨레마이오스 왕조의 파라오들에게도 동일하게 적용되었죠.

하지만 중요한 점은, 파라오가 완전한 신으로 여겨지지는 않았다는 사실입니다. 파라오는 분명히 신적인 존재로 인식되기는 했지만, 그 신성함은 사실 파라오라는 직무나 왕위라는 직위에 부여된 것이었

세트와 호루스에게 축복을 받는 람세스 2세(아부심벨 소신전)

고, 그 직위를 실제로 수행하는 개개인은 여전히 인간성을 갖고 있다고 여겨졌던 것 같습니다. 실제로 파라오들이 실수를 하는 등의 인간적인 모습을 보여주는 기록들도 확인됩니다.

람세스 2세가 카데시 대전 당시 보여주었던 실수에 관한 기록은 그 대표적 예라고 할 수 있습니다. 카데시 대전에 관한 보고서에 따르면, 히타이트 측에서 보낸 스파이가 이집트군에 거짓 정보를 퍼뜨립니다. 스파이들은 마치 이집트군이 이동하고 있던 지역의 주민인 것처럼 위장해 "히타이트군은 아직 카데시에 도착하지 않았다"라고 전하죠. 이 이야기를 들은 람세스 2세는 아주 신이 난 상태로, 병력 전체가 도착하기도 전에 자신의 호위대와 한 사단만 이끌고 카데시로 진격합니다. 그런데 사실 히타이트군은 이미 카데시 뒤편에서 매복하고 있었고, 결국 람세스 2세는 포위 공격을 받게 됩니다. 엄청난 위기였죠.

하지만 람세스 2세는 결국 이 불리한 전황을 극복합니다. 특유의 용맹성을 발휘하기도 했고, 전략적으로 예비 병력을 우회 배치해 놓은 덕분이었죠. 만약 파라오가 완벽한 신으로 인식되었다면, 이런 인간적인 실수와 그로 인해서 벌어지는 위기 상황을 묘사하는 일 자체가 불가능했을 것입니다.

또, 파라오들은 정치적인 목적을 위해 자신이 신의 자식이라는 신화를 선전용으로 만들

람세스 2세(런던 영국 박물관)

최고신들(프타, 아멘, 라) 사이의 람세스 2세(아부심벨 대신전)

어 내기도 했습니다. 이는 역설적으로 파라오의 신성성이 항상 의심받을 수 있었다는 것을 보여주기도 하죠. 하트셉수트는 자신의 출생에 대해, 아멘 신이 자신의 아버지 투트모스 1세의 모습으로 변신하여 어머니와 동침했고, 그로 인해 자신이 잉태되었다고 주장합니다.

사실 파라오가 완전히 신으로 취급되는 것은 그가 세상을 떠난 이후의 일입니다. 하지만 람세스 2세는, 살아있는 동안에도 자신을 최고 신들과 같은 위치에 놓고, 스스로에게 제사를 지내기도 했죠. 이런 것은 아주 예외적인 사례라고 할 수 있습니다.

역사 속의 파라오

이집트 역사 속에는 정말 많은 파라오들이 등장합니다. 역사가 워낙 길기 때문인데, 이집트 문명사 속에서는 대략 170명에서 200명 가량의 파라오들이 있었던 것으로 여겨집니다. 그런데 이 숫자가 아주 명확하지 않은 데에는 세 가지 정도의 이유가 있습니다.

첫 번째는 기록이 불완전하기 때문입니다. 파라오들의 왕위 계승 관계를 쭉 살펴보려면 여러 가지 기록이 필요한데, 사실 남아있는 기록들이 완전하지는 않습니다.

두 번째는 동시에 여러 왕조가 존재하던 시기가 있었던 까닭입니다. 그런 경우에는 당연히 왕위 계승 관계가 좀 복잡해지는데, 이 복잡한 관계를 현재의 자료들로 파악하기가 쉬운 일은 아닙니다.

그리고 세 번째, 앞서서 말씀드렸던 것처럼 왕들의 이름이 반복적으로 사용되기 때문입니다. 람세스만 해도 열한 명이나 있죠. 물론 즉위명이나 호루스 이름 같은 다른 이름으로 구분할 수 있기는 하지만, 이것이 어려운 경우도 꽤 많이 있습니다.

여기서는 역사적으로 중요한 역할을 했던 파라오들을 몇 명 소개해 드리고 싶습니다. 먼저 이집트 역사 속에서 가장 먼저 등장하는 파라오가 있죠. 바로 '나르메르'입니다. 이 나르메르는 대략 기원전 3100년경, 이집트 땅 전체를 최초로 통일한 파라오입니다.

이후 고왕국이 시작되면서 피라미드가 건설되기 시작했는데, 이 피라미드 건축사에서 굉장히 중요한 피라미드를, 그것도 몇 기나 지은 파라오가 바로 고왕국 제4왕조의 첫 번째 파라오, 스네페루Sneferu(재위 기원전 2613~2589년)입니다. 그는 무려 세 개의 거대한 피라미드를 건설한 것으로 추정됩니다. 메이둠Meidum의 붕괴 피라미드, 다슈르Dashur의 굴절 피라미드와 붉은 피라미드가 모두 스네페루가 지은 것으로 여겨지는 피라미드들입니다. 스네페루가 통치를 하는 동안 파라오의 건축가들은 피라미드 건축과 관련된 많은 기술과 노하우를 축적할 수 있었던 것 같습니다.

그리고 바로 그 축적된 경험이, 스네페루의 아들 쿠푸Khufu(재위 기원전 2589~2566년) 시대에 이르러 위대한 업적으로 결실을 맺게 되죠. 그 결과물이 바로, 인류 역사상 가장 유명한 건축물 중 하나인 기자Giza의 대피라미드입니다. 쿠푸라는 이름은 바로 이 대피라미드 덕분에 오늘날까지 고대 이집트를 대표하는 상징적인 파라오로 남게 되었죠.

기자의 4왕조 시대 피라미드군((왼쪽부터) 쿠푸의 대피라미드, 카프라의 피라미드, 멘카우라의 피라미드)

스네페루(대이집트 박물관)

(왼쪽부터) 아케나텐(룩소르 박물관), 아케나텐과 가족들(베를린 신박물관)

신왕국 시대에는 여러분도 잘 아시는 파라오들이 많이 등장합니다. 이집트 역사상 유일무이하게 종교개혁을 시도했던 파라오, 아케나텐이 대표적입니다. 아케나텐은 극단적인 종교개혁을 시도했는데요, 지난 강의에서 고대 이집트 문명은 다신교 사회였다고 말씀드렸죠. 그런데 이 아케나텐은 다신교적 전통을 버리고, 오로지 한 신만을 끌어와서 그 신이 유일신이라고 선언을 합니다. 혁명적인 종교개혁이었죠. 하지만 그의 개혁은 결국 실패로 돌아갑니다. 아케나텐의 새로운 종교는 그의 재위 기간인 15년 정도만 유효했고, 그가 세상을 떠나자 모든 것이 급속하게 원상 복구되었습니다.

그 혼란스러운 과정에서 왕위에 오른 파라오가 있습니다. 여러분들이 이름만큼은 이미 너무나도 잘 알고 계실, 바로 '투탕카멘'입니다.

사실 투탕카멘은 엄청난 업적을 남긴 파라오는 아닙니다. 그가 남긴 역사적 업적은 거의 없다고 할 수 있죠. 하지만 이 파라오가 현대인들에게는 가장 친숙한 파라오가 될 수 있었던 이유는, 그의 무덤이 도굴되지 않은 상태로 1922년에 발굴되었기 때문입니다. 이 무덤 발굴로 인해 우리는 파라오들의 실제 삶에 대해 훨씬 더 자세히 알 수 있게 되었죠.

'대왕'이라고 불리는 람세스 2세도 있습니다. 람세스 2세는 무려 67년 동안 이집트를 통치했습니다. 그 자신도 매우 뛰어난 인물이었고, 또 오랜 통치로 인해 무언가를 할 수 있는 절대적 시간이 많았기 때문에, 그는 이집트 땅에 아주 많은 흔적을 남길 수 있었습니다. 여러분이 이집트에 가셔서 어떤 유적이나 신전을 보다가 '이거 뭔지 잘 모르겠는데?' 하실 때, '람세스 2세가 만들었겠지'라고 생각하면 대략 70

퍼센트는 맞을 정도죠.

그리고 이집트 문명의 마지막 불꽃을 태운 파라오, 람세스 3세(재위 기원전 1184~1153년)가 있습니다. 람세스 3세는 람세스 2세와 혈연관계는 없었지만, 같은 이름을 사용했습니다. 그리고 그 역시 '람세스'라는 이름에 걸맞게 상당히 많은 업적을 남겼는데, 대표적인 것이, '바다 민족'으로 불리는 세력의 침략을 막아낸 것입니다.

이후 이집트는 서서히 몰락의 길을 걷게 됩니다. 그리고 그 몰락의 마지막 순간을 장식한 인물이 바로 클레오파트라 7세였습니다. 클레오파트라는 꺼져만 가던 고대 이집트 문명의 불꽃을 다시 피워 올리기 위해 끝까지 노력했던 파라오였습니다. 그녀는 정치적 역량을 총동원해 이집트의 독립을 지키려 했죠. 하지만 시대의 흐름은 이미 로마 쪽으로 기울고 있었습니다. 결국 클레오파트라는 마지막 승부수를 던집니다. 로마와 정면으로 맞서는 길을 택한 것이죠. 그 운명의 전투가 바로 악티움 해전입니다. 그러나 이집트는 그 전투에서 패배하고 맙니다. 그리고 클레오파트라도 악티움 해전에서의 패배 이후 죽음을 맞이하게 되었죠. 그녀의 죽음과 함께, 고대 이집트의 역사는 완전히 막을 내립니다. 정치적으로 고대 이집트 문명이 끝난 시점이 바로 기원전 30년, 이집트가 로마제국의 영토로 편입된 순간이었습니다.

람세스 3세와 바다 민족의 전투(람세스 3세 장례 신전 북동벽 부조 도판)

(왼쪽부터) 호루스와 세트의 축복을 받는 람세스 3세(카이로 이집트 박물관),
클레오파트라(베를린 구박물관)

6강

고대 이집트인의
일상생활

Orientation

우리는 흔히 고대 이집트를 떠올릴 때, 거대한 피라미드와 신전, 그리고 그 앞에서 일사불란하게 일하는 수많은 인부들의 모습을 상상하곤 합니다. 파라오의 명령 아래 동원된 백성들, 권력자의 죽음을 위해 희생된 사람들. 이런 이미지는 오랫동안 고대 이집트를 지배해 온 고정관념이었죠. 하지만 결론부터 말씀드리자면, 그런 이미지는 정확하지 않습니다. 실제의 고대 이집트인들은 우리가 생각하는 것보다 훨씬 더 삶을 사랑하고, 그 삶을 즐겼던 사람들이었습니다.

그들은 계층이나 신분과 관계없이 축제와 음악, 음식을 즐겼고, 농사를 지으며 나일강의 리듬에 따라 살아갔습니다. 지배층 또한 백성들의 삶에 무관심하지 않았습니다. 그들에게 백성은 단순한 노동력이 아니라, 마아트, 즉 세상의 조화와 질서를 유지하는 존재였기 때문이죠. 물론 고대 이집트 사회에도 고된 노동은 있었습니다. 하지만 피라미드를 쌓거나 신전을 세우던 이들이 모두 노예였던 것은 아닙니다. 오히려 많은 경우가 정당한 보수를 받고 일하는 숙련된 장인과 기술자들이었죠. 그들은 단순히 돌을 나르던 인부가 아니라, 높은 수준의 기술과 그 기술에 대한 자부심을 가진 전문가들이었습니다.

이집트의 사회구조는 일반적인 전근대 사회들과 마찬가지로 전형적인 피라미드형이었습니다. 사회의 최정점에는 파라오가 있었고, 그 아래로 상·하위 귀족, 전문 기술자, 그리고 사회 구성원들의 대부분을 차지하는 농부 계층이 있었습니다. 계층 간의 이동은 쉽지는 않았지만, 그렇다고 완전히 불가능한 것도 아니었던 것으로 보입니다. 문헌 기록들에 따르면, 자신의 재능과 운 좋게 찾아온 기회를 통해 신분이 상승한 이들도 있었습니다. 대표적인 예가 '웨니Weni' 라는 인물이죠. 웨니는 고왕국 제6왕조, 기원전 약 2300년경의 관리로, 무덤 벽면에 자신의 일생에 관한 자전적 기록을 남겼습니다. 그는 말단 관리로 시작해, 결국에는 장관급 지위에까지 오른 인물이었습니다. 승진의 과정은 50년에 걸친 긴 여정이었고, 그 모든 것이 자신의 능력 덕분이었다고 자랑스럽게 말합니다.

웨니의 자전적 기록(대이집트 박물관)

비슷한 사례로 '세넨무트Senenmut'도 있습니다. 그는 신왕국 제18왕조 시기, 하트셉수트 여왕의 재위기에 활동했던 인물로, 기원전 1450년경 궁정 대신의 자리에까지 올랐습니다. 세넨무트는 자신의 부모가 글도 모르는 평민이었다고 말하며, 자신의 성공을 노력으로 이룬 결과라고 강조했습니다. 물론 그의 말이 모두 사실은 아닐 수도 있습니다. 오늘날의 성공한 인물들이 그러하듯, 그 역시 자신의 이야기를 조금 더 극적으로 꾸며냈을 가능성도 충분히 있죠. 하지만 중요한 것은, 그가 그런 식으로 이야기했다는 사실입니다. 계층의 사다리를 오르는 일이 고대 이집트 사회에서 가능했고, 또 그런 성취가 존경과 찬사의 대상이었다는 사회적 인식이 당시에 이미 존재했다는 것이죠.

이처럼 고대 이집트의 사람들은 피라미드의 그림자 속에서 억눌려 살던 무기력한 백성이 아니라, 자신의 삶을 사랑하고, 가족을 소중히 여기며, 노력으로 삶을 바꿔 나가던 사람들이었습니다. 그들은 신의 축복 아래 하루하루를 일구었고, 그 속에서 기쁨과 슬픔, 희망과 절망을 모두 경험했죠.

이제 우리는, '돌과 신성문자의 문명' 속에 숨겨진 '사람들의 목소리'를 들어보려 합니다. 피라미드의 그림자 뒤, 신들의 도시 아래에서 살아가던 평범한 이집트인들이 어떻게 일하고 사랑하고 웃고, 또 죽음을 받아들였는지. 그들의 일상 속에서 '인간으로 산다는 것'에 관한 아주 오래된 이야기를 찾아가 보겠습니다.

총리와 귀족

  고대 이집트 사회의 정점에는 파라오가 있었습니다. 그들은 신의 아들이자 온 이집트 땅의 주인이었죠. 그리고 상상하기 어려울 정도로 엄청난 부를 누렸을 것입니다. 비록 파라오들이 살았던 궁전 유적이 온전하게 남아있는 사례는 거의 없지만, 그들이 사용하던 물건들을 살펴보면 그때의 생활수준을 짐작할 수 있죠. 예를 들어 투탕카멘의 무덤에서 나온 일상 도구들이나 대피라미드의 주인공 파라오 쿠푸의 어머니인 왕비 헤테페레스Hetepheres의 무덤에서 발견된 가구들을 보면 그 화려함이 정말 놀랍습니다. 온통 금으로 장식되어 있어서, 말 그대로 황금 세상이었다고 해도 과언이 아니죠.

4왕조의 왕비 헤테페레스의 장례용 가구 중 하나인 침대(대이집트 박물관)

이렇게 파라오가 이집트의 독보적인 존재였다면, 그 바로 아래층에는 귀족 계층이 있었습니다. 이 귀족들은 파라오의 곁에서 나라의 행정을 운영하고, 군사와 재정을 관리하며, 이집트 사회를 실질적으로 움직이던 사람들이었습니다. 각자의 위치에 따라 맡은 임무가 분명했고, 모두가 나름의 방식으로 이집트 사회의 안정과 질서, 즉 마아트를 유지하는 역할을 해나갔습니다. 이 귀족들 가운데에서도 가장 높은 자리에 있었던 사람이 바로 총리였는데, 총리는 파라오의 권한을 대신 행사하는, 일종의 최고 행정 책임자였습니다. 국가 운영의 전반을 맡았고, 때로는 '마아트의 수호자', 즉 정의와 질서를 지키는 사람으로 불리기도 했습니다. 행정과 사법을 총괄했을 뿐 아니라, 농업생산과 세금 징수, 그리고 그 자원을 어떻게 분배할지에 대한 책임을 갖고 있었죠. 파라오를 대신해 신전이나 기념물 건설을 감독하는 것도 총리의 몫이었습니다. 이렇게 총리를 중심으로 한 관료 체계는 꽤나 정교하게 짜여있었습니다.

귀족들은 각자의 위치에서 충실히 역할을 수행했는데, 평소에는 행정가나 법관으로, 전쟁이 일어나면 지휘관으로 나서서 국가의 질서와 균형을 지켜나갔죠. 어쩌면 이 귀족들이야말로, 파라오의 영광을 현실 속에서 구현해 낸 진짜 이집트의 얼굴이었다고 할 수도 있습니다.

중앙의 귀족들이 파라오 곁에서 나라를 보좌했다면, 지방에도 이와 비슷한 역할을 하는 지방 귀족들이 있었습니다. 고대 이집트는 전국이 '노모스nomós'라고 불리는 42개의 행정구역으로 나뉘어 있었습니다. 노모스는 상이집트에 22개, 하이집트에 20개가 있었죠.

우리식으로 비유하자면 '도道'나 '주州' 정도의 개념입니다. 각 노모스에는 그 지역을 다스리는 지방 귀족, 즉 태수가 있었습니다. 이들은 행정, 사법, 군사 모든 분야에서 책임을 졌고, 자신의 지역 안에서는 거의 파라오나 총리에 가까운 권한을 가졌습니다. 중앙 권력이 강할 때는 파라오의 감독 아래에 있었지만, 중앙이 약해지면 이들은 거의 반쯤은 독립적인 존재로 변했습니다. 그 결과 이집트가 분열되기도 했는데, 이런 분열의 시기를 '중간기'라고 부릅니다.

이런 지방의 태수들은 때로는 왕국을 세우고 스스로를 파라오라 칭하며 결국 이집트를 통일하기도 했습니다. 그 대표적인 인물이 중왕국을 연 멘투호테프Mentuhotep 2세(재위 기원전 2055~2004년), 그리고 신왕국을 시작한 아흐모세Ahmose 1세(재위 기원전 1550~1525년)입니다. 이들은 모두 원래는 지방의 통치자였지만, 결국 나라를 다시 하나로 묶어 이집트의 통일을 성취한 인물들이었죠.

이렇게 보면, 고대 이집트의 역사는 단순히 파라오 한 사람의 이야기라기보다는, 그를 둘러싼 수많은 사람들과 제도의 이야기이기도 합니다. 파라오가 신성한 권위를 상징했다면, 그 아래에서 구체적인 실천을 하며 실제로 세상을 움직인 것은 바로 이 귀족들과 관료들이었습니다. 그들의 손이 있었기에, 이집트 문명은 수천 년 동안 그 질서와 위엄을 유지할 수 있었다고 할 수 있을 것 같습니다.

라세프세스의 무덤 부조

서기관과 장인

고대 이집트에는 서기관이라는 직책이 있었습니다. 글자를 읽고 쓰는 전문가들이었죠. 보통은 말단 귀족들이 맡았는데, 상위 귀족들이 행정이나 종교적인 일을 제대로 수행할 수 있었던 것도 사실상 서기관들의 지원 덕분이었습니다. 그런 만큼 '고대 이집트 문명은 서기관들의 문명이다'라고 해도 과언이 아닐 겁니다. 오늘날 우리가 고대 이집트 문화를 이해할 수 있는 것도 다 서기관들이 남긴 기록 덕분입니다. 이 사람들은 고위 귀족과 일반 백성 사이에 위치하면서 행정이나 종교, 법률, 회계와 같은 실제적인 일을 담당했습니다. 서기관들은 신전이나 무덤에 새겨진 종교 문서뿐 아니라, 노동자 출근부, 창고 재고, 세금 기록, 재판문서, 심지어 마법 주문이나 유언장, 족보 같은 일상 문서까지 다루었습니다. 그러니까 고대 이집트 행정 시스템의 중심에 있었던 사람들이 바로 서기관들이죠. 지금 우리가 아는 고대 이집트에 관한 거의 모든 사실들에 서기관들이 관여했다고 봐도 됩니다.

서기관은 주로 중산층이나 하급 귀족 출신이었지만, 상류층 자제들도 서기관 교육을 받고, 서기관 직을 수행하기도 했습니다. 다만 이들은 승진이 빨라서 서기관 직에 오래 머물지 않고 더 높은 관직으로 금세 승진했을 가능성이 높습니다. 서기관 직은 세습되기도 했지만, 아버지의 지위를 아들이 물려받으려면 글을 자유자재로 다룰 정도의 실력이 있어야 했습니다. 이집트 문자를 배우는 것은 쉽지 않았죠. 현대의 이집트학자들도 이 문자를 익히기 위해서는 몇 년씩 아주 집중해서 공부를 해야 합니다. 글자 수만 해도 700~800자 정도였고, 이 숫자도 시대가 지나면서 점점 더 늘어났습니다. 그래서 서기관이 되기까지는 아마 10년 가까이 교육을 받아야 했을 것입니다.

서기관 교육 기관에는 매우 엄격한 규율이 있었고, 체벌도 흔했습니다. '가르치다'를 뜻하는 고대 이집트어 단어 '세바'는 '때리다'라는 뜻의 단어와 발음이 같은데, 이것으로 미루어 보아도, 당시의 교육이 매우 엄격하게 이루어졌을 가능성이 큽니다.

이집트인들은 서기관이라는 직업을 아주 높이 평가했습니다. '글쓰기의 즐거움은 빵과 맥주보다 크다'와 같은 문장도 남아있고, 농부나 선원, 군인, 도공과 같은 직업들과 비교하면서 '서기관이 훨씬 편하고 고귀한 일'이라고 강조하는 글도 많이 남아있죠. 지금으로 치면 '공부 열심히 해서 공무원이 되는 게 최고다'라는 인식이 고대 이집트에도 있었다고 할 수 있습니다. 그만큼 서기관은 존경받는 직업이었습니다. 설령 낮은 직급의 서기관이라 해도, 충분히 사회적 존중을 받았을 것입니다.

서기관이 사용하던 도구들도 꽤 많이 남아있습니다. 서기관들은 보통 펜과 필통을 들고 다녔고, 검은색과 붉은색, 두 종류의 잉크를 사용했습니다. 필통에는 안료를 개어 쓰는 팔레트도 함께 달려있었죠.

서기관을 표현한 조각상들도 많습니다. 이들 조각상은 대부분 짧은 스커트를 입고 양반다리로 앉은 모습으로 표현되는데, 그 스커트가 펼쳐지면서 마치 간이 책상처럼 사용되었던 것으로 보입니다. 그 위에 파피루스 두루마리를 펼쳐놓고 글을 쓰는 모습으로 그려지죠.

서기관 조각상(파리 루브르 박물관)

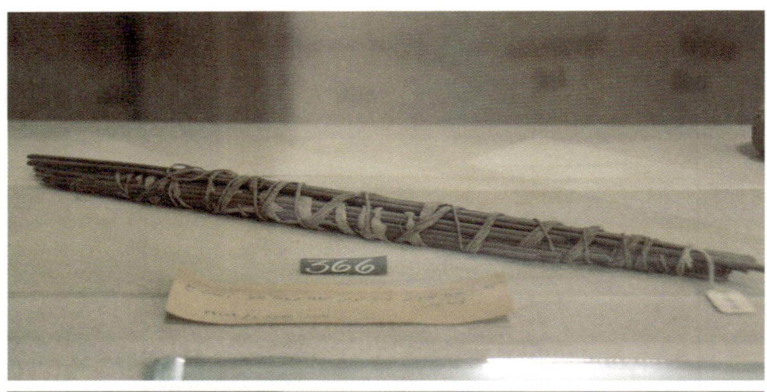

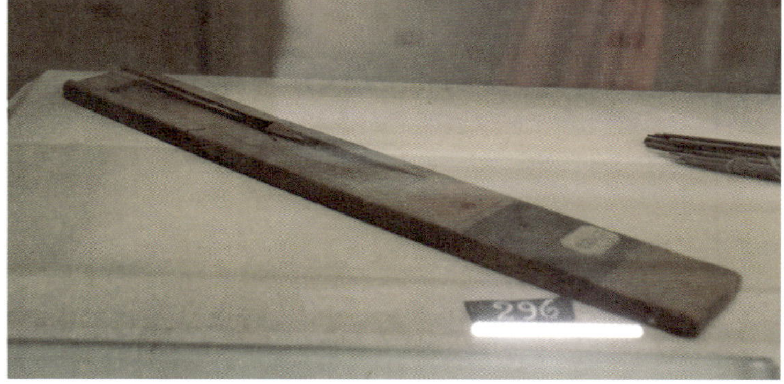

(위부터) 펜과 팔레트(카이로 이집트 박물관)

이런 조각상이나 유물들을 만든 사람들도 있었습니다. 우리가 흔히 '고대 이집트 예술가'라고 부르는 사람들인데, 사실 더 정확하게 말하면 예술가보다는 장인에 가까운 사람들이라고 할 수 있습니다. 이들은 자신의 개성을 표현하기보다, 정해진 규칙에 따라 작품을 제작해야 했습니다. 이 장인들은 목수, 석공, 금속 세공사, 보석 세공사, 도예가, 화가, 조각가 등 다양한 전문 분야를 갖고 있었습니다. 이 중에는 정부 소속으로 일한 장인들도 있었는데, 이들은 공동체 생활을 하면서 기술을 공유하며 효율적으로 작업했던 것으로 보입니다. 신전에 속한 장인들도 있었고요. 이 장인들은 보통 일반 노동자나 농부보다 사회적 지위가 높았습니다. 그렇기 때문에, 고대 이집트의 중산층이라고도 볼 수 있죠. 특히 실력이 뛰어난 장인들은 왕실과 관련된 일을 맡았는데, 파라오의 무덤을 만드는 장인 집단은 신왕국 시대에 '데이르 엘-메디나 Deir el-Medina'라는 마을에 모여 살았습니다. 이들은 대를 이어 기술을 전수했고, 사유재산을 가진 채로 부를 축적하기도 했습니다. 심지어 그들 중 일부는 글을 읽고 쓸 줄 알았던 것으로 보입니다. 이 장인들의 생활은 데이르 엘-메디나에서 출토된 다양한 고고학적, 문헌학적 자료를 통해 꽤 상세히 알려져 있습니다.

이 데이르 엘-메디나의 주민들과 관련한 흥미로운 기록이 있습니다. 바로 파업에 관한 기록이죠. 이 마을에 살던 장인들은 급여 연체에 항의하기 위해 파업을 했는데, 이 사건이 현재까지 알려진 파업들 가운데 가장 이른 시기에 일어난 파업입니다. 파업은 람세스 3세 재위 29년, 기원전 1152년에 일어났습니다.

이집트 사회의 말단에는 농부들이 있었습니다. 이집트 전체 인구의

데이르 엘-메디나, 룩소르 서안

80~90퍼센트 가량이 농부였던 것으로 추정됩니다. 그들은 이집트의 식량 생산과 기념물 건축을 위한 노동력을 책임졌는데, 그렇기 때문에 이들이야말로 이집트 문명을 물리적으로 가능하게 만든 사람들이었다고 할 수 있습니다.

이들은 농사일이 중단되는 홍수기 동안에는 국가가 진행하는 여러 공사 — 예를 들어 신전이나 왕궁, 피라미드 같은 건축물 공사에 적극적으로 동원되었던 것 같습니다. 물론 강제 노역이었지만, 노동자들은 충분한 양의 식량을 공급받았고, 그들의 가족에게도 국가에서 배급이 나왔던 것으로 보입니다. 노역이 끝나면 다시 고향으로 돌아가

156

농사를 지었지만, 수확한 곡식의 상당 부분은 세금으로 바쳐야 했습니다. 이 세금이 결국 상류층, 중산층, 그리고 장인들이 문명을 유지하고 발전시키는 데 필요한 밑바탕이 되었던 것이죠.

하지만 오늘날 이 농민 계층에 대해 우리가 알고 있는 것은 많지 않습니다. 그들은 직접 기록을 남기지는 않았기 때문에, 우리가 그들의 삶에 대해서 알 수 있는 것은 대부분 귀족들이 남긴 기록을 통해서죠. 신전 벽화나 무덤 속 기록 같은 문헌에서 묘사되고 있는 농민을 모습을 통해서 그들의 삶이 어떠했을지 짐작할 수 있을 뿐입니다. 하지만 그런 기록들 속에는 자연스럽게 글의 화자인 귀족들의 편견이나 욕망 같은 것들이 반영되어 있을 것입니다.

식량 체불과 관리들의 부패에 맞선, 세계 최초의 파업을 기록한 '토리노 파업 파피루스'
(토리노 이집트 박물관)

금속 주조(메트로폴리탄 미술관)

구슬을 꿰고 뚫는 작업(메트로폴리탄 미술관)

샌들을 만드는 장인(메트로폴리탄 미술관)

(왼쪽부터) 도끼로 나무를 다듬는 목수(메트로폴리탄 미술관),
돌 항아리를 뚫는 작업(메트로폴리탄 미술관)

조각가들의 작업(메트로폴리탄 미술관)

여성의 삶

자, 이제 고대 이집트 여성들의 삶에 대한 이야기를 해보겠습니다.

고대 이집트의 여성들은 놀랍게도 남성과 거의 동등한 권리를 누렸던 것으로 보입니다. 물론 고대 이집트 사회가 기본적으로 남성 중심 사회였던 것은 사실입니다. 사회적으로 중요한 의사결정 과정을 주도했던 것은 대체로 남성들이었고, 정치적으로 활약하던 사람들도 거진 다 남성들이었죠. 여성들은 주로 집안일과 자녀 양육을 맡았습니다. 그렇지만 이 여성들에게도 남성과 거의 동등한 법적 권리가 있었습니다. 그들은 토지나 집을 소유할 수 있었고, 이혼을 요구할 수 있었으며, 부모로부터 유산을 상속받을 권리도 있었습니다. 자신의 재산을 자유롭게 처분한 권리도 갖고 있었고요.

상류층 여성들 가운데는 남편과 함께 묘사된 조각상이나 부조가 많습니다. 오늘날의 가족사진 같은 것이라고 할 수 있죠. 가족상에서 대체로 아내는 남편과 동등한 크기로 표현되는데, 아내가 남편의 허리를 다정하게 감싸고 있는 모습도 많습니다. 이런 표현 방식을 보면, 적어도 부부관계 속에서는 남성과 여성이 평등하게 인식되었음을 짐작할 수 있습니다.

고대 이집트에서는 여성이 파라오가 되는 일도 종종 있었습니다. 여성 파라오는 아주 이른 시기부터 등장했죠. 제1왕조의 메르네이트Merneith(재위 기원전 3000~2900년경), 제12왕조의 소베크네페루Sobekneferu(재위 기원전 1777~1773년), 그리고 우리가 잘 아는 제18왕조의 하트셉수트나 프톨레마이오스 왕조의 클레오파트라 같은 인

데르센지와 그의 부인(베를린 신박물관)

네페르호르와 그의 부인(베를린 신박물관)

물들이 여기에 속합니다. 이들은 단순히 상징적인 존재가 아니라, 정치적으로도 굉장히 큰 업적을 남긴 통치자들이었습니다.

이집트에서 결혼은 종교적 의식이라기보다는 세속적인 계약관계에 가까웠습니다. 법적으로 이혼도 가능했죠. 대부분의 결혼은 부모가 중매를 섰고, 남녀 모두 대략 10대 중반쯤에 결혼하는 경우가 많았습니다.

고대 이집트의 결혼과 관련한 한 가지 흥미로운 사실은, 외국 여성들은 이집트로 시집을 올 수 있었지만, 이집트 여성은 외국으로 시집을 가는 경우가 거의 없었다는 점입니다. 이러한 모습은 왕실에서 행해진 외교적 결혼에서 잘 드러납니다. 외국의 공주들이 이집트 파라오와 결혼해서 이집트로 시집을 온 경우는 비교적 흔합니다. 이들은 특별한 차별 없이 자연스럽게 이집트 사회의 일원으로 받아들여졌던 것 같습니다. 이집트의 왕비가 된 외국 공주들의 이름은 이집트 기록에서도 어렵지 않게 찾아볼 수 있습니다.

하지만 반대로, 이집트의 공주가 다른 나라 왕에게 시집간 사례는 거의 없습니다. 이런 국제결혼의 양상을 보면, 고대 이집트 사회가 아주 강력한 자문화 중심적 세계관, '이집트가 중심이다'라는 생각으로 가득차 있었다는 사실을 알게 됩니다.

여성 파라오 하트셉수트와 클레오파트라

람세스 2세와 히타이트의 공주 마아트호르네페루라의 결혼식
(실물 유물: 이집트 아부심벨 대신전)

입고 먹고 살아가라

　고대 이집트 사람들은 어떤 옷을 입고, 또 어떤 음식을 먹으며 살았을까요? 이집트인들에게 의복은 단순히 몸을 가리는 수단으로만 사용된 것이 아닙니다. 이집트인들에게 옷은 곧 자신의 신분, 직업, 종교적인 역할, 그리고 미적감각을 보여주는 상징적인 언어였습니다. 다시 말해, 옷은 '나는 어떤 사람이다'를 말해주는 일종의 표현 수단이었죠.

　이집트 사람들은 시대와 성별을 불문하고, 대개 린넨으로 만든 옷을 입었습니다. 이집트의 기후가 워낙 덥고 건조했기 때문에 가볍고 통기성이 좋은 옷감이 필요했는데, 그 조건에 딱 맞는 게 린넨이었죠. 린넨은 '아마'라는 식물의 줄기에서 섬유를 뽑아 만드는 천입니다. 이집트 사회에서는 이 천을 사용해서 옷을 만드는 방적, 직조, 바느질 등의 기술이 매우 중요하게 여겨졌습니다.

린넨으로 만들어진 옷

남성들의 옷은 보통 허리에 두르는 짧은 스커트 형태였습니다. 노동자나 농부들은 단순하고 짧은 옷을 입었고, 귀족이나 고위 관리들은 정교하게 주름 잡힌 린넨 스커트를 입었습니다. 또 그 위에 얇고 반투명한 튜닉을 걸쳐 격식을 갖추기도 했죠.

파라오의 의복은 당연히 이들과는 완전히 다른 퀄리티로 만들어졌습니다. 그들은 채색된 실과 금실로 수놓은 옷을 입었고, 그 옷에는 왕권과 신성함을 상징하는 무늬가 장식되어 있었죠.

여성들은 대체로 어깨끈이 달린 몸에 밀착되는 드레스를 입었습니다. 특히 상류층 여성들은 주름 장식이 섬세하게 더해진 긴 드레스를 즐겨 입었고요. 거기에 얇은 망토나 리본을 덧붙여 우아함을 표현하기도 했습니다. 반투명한 린넨으로 만든 겉옷은 몸의 윤곽을 은근히 드러내서 관능미와 위엄을 동시에 보여줄 수 있었던 것으로 여겨집니다.

아이들은 대부분 옷을 입지 않았습니다. 그냥 벗고 다니는 게 자연스러웠죠. 워낙 더운 기후였고, 그런 만큼 어린이들에게는 벌거벗은 모습이 일상적이었습니다. 이집트 미술에서도 실제로 어린아이를 표현할 때 벌거벗은 모습으로 그리는 경우가 많습니다.

직업이나 종교적 역할에 따라서도 옷차림이 달라졌습니다. 특히 신관들은 대체로 순백의 린넨 옷을 입었고, 새벽마다 몸을 깨끗이 씻는 정화 의식을 치렀던 것으로 보입니다. 그만큼 청결은 신성함의 상징이었죠.

귀족 남자들의 의복(뮌헨 이집트 박물관)

파라오의 의복(〈아멘호테프(후이), 투탕카멘 앞에 서다〉,
『Denkmäler aus Aegypten und Aethiopien』(1849~1859) 수록 도판)

(왼쪽) 여성의 의복을 보여주는 부조
(〈셰스피의 가짜문〉, 이집트 알렉산드리아 박물관)
(오른쪽) 여성의 의복을 보여주는 조각상
(〈세베브와 그의 아내〉, 카이로 이집트 박물관)

가발을 쓴 남성
(부다페스트 박물관)

남성들은 머리를 짧게 밀고 가발을 쓰는 것이 일반적이었습니다. 더운 날씨 속에서 위생을 유지하기 위한 방법이었고, 또한 가발은 사회적 지위를 나타내는 장식품 역할도 했던 것으로 보입니다.

상류층과 신관, 왕족들은 상황에 따라 다른 가발을 썼는데, 공식 행사나 중요한 종교의례 때는 더 화려하고 정교한 가발을 착용했습니다. 반면 노동자나 농민들은 가발 대신 그냥 머리를 짧게 유지한 채 생활했습니다.

대부분의 이집트인들은 신발을 신지 않았던 것 같습니다. 그 이유는 신들 또한 맨발로 다닌다고 여겨졌기 때문입니다. 다만 여행을 하거나, 축제나 의식이 있는 특별한 날에는 샌들을 신기도 했습니다. 샌들은 갈대, 가죽, 나무와 같은 재료로 만들었고, 왕족이나 귀족들은 색을 입혀 장식하거나 금박을 입힌 샌들을 신기도 했죠.

이제 음식 이야기를 해볼까요?

고대 이집트인들은 풍요롭고 조화로운 식생활을 즐겼습니다. 그것

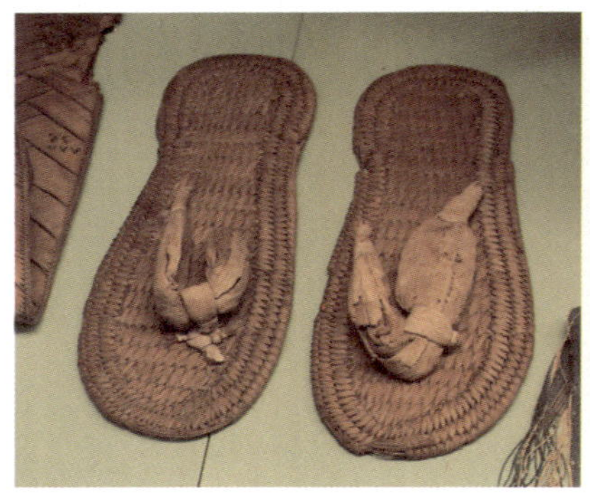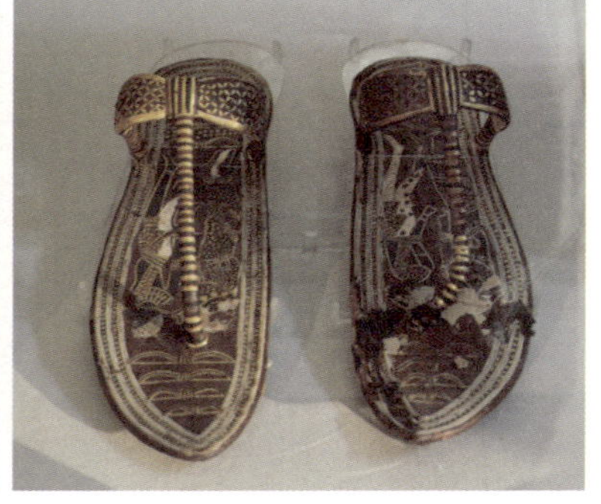

고대 이집트인들이 사용했던 신발((왼쪽부터) 코펜하겐 국립 박물관, 대이집트 박물관)

은 모두 비옥한 나일강 유역 덕분이었죠. 이집트의 식탁에는 늘 빵과 맥주가 있었습니다. 밀이나 보리로 만든 빵은 다양한 모양으로 구워 졌고, 때로는 꿀이나 대추야자 같은 단 맛이 나는 재료를 넣어 마치 오늘날의 케이크처럼 먹기도 했습니다. 맥주는 좀 걸쭉하고 거칠었지 만 영양이 풍부한 중요한 식품이었습니다. 노동자부터 귀족까지 모두 맥주를 즐겨 마셨는데, 맥주는 단순한 음료가 아니라 하루 동안에 소 모되는, 에너지의 대부분을 채워주는 중요한 탄수화물 공급원이었습 니다. 심지어 어린아이들도 맥주를 마셨을 가능성이 있습니다.

단백질은 주로 생선과 가금류에서 얻었습니다. 나일강에서 잡은 물 고기는 구워 먹거나 절이거나 말려서 저장했죠. 생선은 서민들의 가 장 중요한 단백질원이었습니다.

고대 이집트인들은 가축도 많이 길렀습니다. 소, 염소, 양, 당나귀 등이 있었죠. 하지만 이 가축들은 대부분 노동력이나 젖을 얻는 데 사 용됐기 때문에 고기로 섭취되는 일은 드물었습니다. 고기는 주로 축 제나 제사 같은 아주 특별한 행사 때에만 소비되었죠. 이집트에서는 1년 내내 다양한 축제가 열렸고, 그 기간에는 신분을 막론하고 모두 가 평소와는 다른 상황 속에서 비교적 즐거운 시간을 보낼 수 있었던 것 같습니다. 일상의 고단함을 잊고, 풍요로운 삶을 잠시 만끽했던 것 이죠. 이집트인들은 이러한 삶의 즐거움이 죽음 이후에도 계속되기를 바랐습니다. 그들에게 삶은 단지 짧은 순간이 아니라 영원한 여정의 한 과정이었고, 죽음은 그다음 세상으로 넘어가는 하나의 관문이었던 것입니다.

맥주를 마시는 모습(베를린 노이에스 박물관)

다양한 육류와 가금류를 제물로 바치는 사람들(카겜니의 무덤 부조, 사카라)

곽민수의
다시 만난
고대문명
(이집트)

7강

미라와
죽음 이후의 세계

Orientation

미라는 수천 년이 지나도 부패하지 않고, 건조된 상태로 그 형태가 온전하게 보존된 시신을 말합니다. 이러한 미라는 고대 이집트 문명이 남긴 수많은 유산 가운데 피라미드와 함께 가장 큰 대중적 관심을 받는 대상입니다. 일반적으로 '미라'라고 하면 살과 피부가 건조되어 썩지 않고 보존된 시신을 뜻합니다. 그런데 사실 미라는 이집트에만 있는 것이 아닙니다. 세계 여러 지역에서 확인되고, 심지어는 한반도에서도 미라가 발견됩니다. 조선시대의 회곽묘 속에서도 시신이 부패하지 않고 온전한 형태로 남아있는 경우가 있죠.

하지만 고대 이집트의 미라는 다른 지역들의 미라와는 분명한 차이가 있습니다. 이집트 미라는 '우연히 보존된 시신'이 아니라, 인위적으로, '의도적으로 건조된 시신'이라는 특징을 갖고 있습니다. 즉, 단순히 자연조건 덕분에 보존된 것이 아니라 사람들이 직접 시신을 처리해서 오래도록 썩지 않게 만들었던 것이죠.

그렇다면 왜 이집트인들은 이렇게까지 해서 시신을 보존하려 했을까요? 그 이유는, 그들이 가지고 있던 사후 세계관 때문입니다. 고대 이집트에서 미라는 단순한 시신이 아니었습니다. 그것은 종교적이고, 철학적인 의미를 지닌 '영혼의 그릇'이었죠.

이집트인들은 죽음 이후에도 삶이 계속된다고 굳게 믿었습니다. 그리고 육체, 즉 시신은 죽고 나서도 사라지지 않는 영혼이 계속 머무는 안식처로 여겨졌습니다. 영혼들은 시신이 있어야지만 온전하게 존재할 수 있다고 여겨졌고, 그런 상태가 유지되어야만 부활이 가능하다고 믿어졌습니다. 그렇기 때문에 고대 이집트인들은 시신이 썩지 않도록 정교하게 처리해 그 원래의 모습, 육체의 형태를 그대로 보존하려 했던 것입니다. 이것은 단순한 의학적 처치가 아니라, 망자의 영혼을 존속시켜 내세에서 부활할 수 있도록 돕는 종교의식의 일부였던 셈이죠.

이렇게 보면, 미라는 단순한 '죽음의 잔재'가 아니라 죽음을 넘어선 삶에 대한 믿음, 그리고 영원히 존재하고자 한 인간의 의지가 남긴 아주 오래된 흔적이라고 할 수 있습니다. 바로 그 점에서, 미라는 단순히 고대의 유물이나 신비의 대상이 아니며, 시간과 죽음 앞에서 인간이 무엇을 믿고, 무엇을 두려워했는지 보여주는 거울이라고 말할 수 있습니다.

이번 강의에서는, 이 오래된 신념 속에서 우리가 반복하고 있는 질문, '인간은 왜 사라지지 않으려 하는지', '우리는 어떤 방식으로 영원을 꿈꾸는지'에 대해 생각해 보려고 합니다.

이집트인의 영혼

고대 이집트인들은 영혼을 어떻게 이해했을까요?

고대 이집트인들은 인간에게는 여러 종류의 영혼이 있다고 믿었는데, 다양한 영혼들 가운데 가장 대표적인 것이 바로 '바Ba'와 '카Ka'입니다.

바는 보통 망자의 얼굴을 갖고 있는 새의 모습으로 그려집니다. 우리말로 '영靈' 정도로 번역할 수도 있지만, 아주 정확하지는 않습니다. 오해의 소지가 있으니 그냥 '바'라고 부르는 것이 좋겠습니다.

'사람의 머리를 한 새'의 모습은 무덤 벽화나 비석, 조각상 등에서 자주 볼 수 있습니다. 이집트 유물을 소장하고 있는 박물관에 가면 어렵지 않게 만나볼 수 있죠. 바는 개인의 정체성과 깊은 관계가 있는 영혼입니다. 사람이 살아있을 때는 육체와 함께 존재하지만, 사망 이후에는 시신에서 분리되어 상당히 멀리 떨어진 곳까지 움직일 수 있다고 여겨졌죠. 그러니까 바는 무덤을 벗어나 사자의 세계, 하늘, 온 천지를 자유롭게 돌아다닐 수 있었던 것이죠. 바가 새로 묘사되는 이

(왼쪽부터) 바 그림, 죽은 사람의 바가 그의 몸 위를 돌고 있는 모습(파리 루브르 박물관), 바 부조(부다페스트 박물관)

유는, 하늘을 날며 여러 세계를 넘나드는 능력을 상징하기 때문입니다. 파라오나 귀족 무덤에서 볼 수 있는 '입을 여는 의식'은, 임종 시 육체에서 분리된 바를 활성화시키는 의식이었습니다. 고왕국 시대부터 로마 시대까지 이어진 이 의식에서는, 신관이 목관이나 석상, 혹은 미라 자체의 입을 특별한 도구로 살짝 건드리는 장면이 나타납니다.

하지만 바는 시신에서 자유롭게 날아다닐 수 있어도, 매일 밤이 되면 다시 무덤으로 돌아와 시신과 결합해야 했습니다. 그래야만 망자의 존재가 온전하게 보존된다고 믿어졌죠. 그래서 이집트인들은 무덤을 정성껏 준비하고, 죽은 사람의 바가 안전하게 시신으로 돌아올 수 있도록 장례 의식과 제사, 마법 주문으로 도움을 주었습니다. 바는 망자가 자신의 정체성과 개성을 유지하며, 사후에도 망자가 자기 자신으로서 존재할 수 있도록 하는 핵심적인 영혼의 요소였던 것입니다.

그리고 '카'라는 영혼도 있습니다. 카는 '혼魂'이나 '혼의 본질' 정도로 번역할 수 있지만, 역시 오해가 있을 수 있어 그냥 '카'라고 부르겠습니다.

(왼쪽부터) 카 그림, 13왕조 파라오 호르의 카(카이로 이집트 박물관)

카는 바와 달리 이 세상에 속하는 영혼으로 여겨졌습니다. 망자가 죽은 뒤에도 육체에서 완전히 분리되지 못하고, 시신 주변에서만 존재해야 했죠. 이해를 돕기 위해 이런 식으로 설명을 드려보겠습니다. 카는 시신과 짧은 끈으로 연결되어 있어서 시신 주변에서만 움직일 수 있었는데 반해, 바는 시신과 아주 긴 끈으로 연결되어 있어 결국 시신으로 돌아가야 하지만, 그래도 온 세상을 자유롭게 돌아다닐 수 있었습니다.

이집트인들은 카가 온전하게 존재해야 내세에서 부활할 수 있다고 믿었습니다. 카가 계속해서 존재하기 위해서는 두 가지 조건이 필요했습니다.

첫째, 카가 머물 공간이 있어야 했습니다. 카는 시신을 매개로 하는 영혼이기 때문에, 온전한 시신이 반드시 필요했죠. 시신이 썩어 없어지면 카뿐 아니라 바도 머물 공간을 잃게 되는데, 이것은 이집트인들에게는 상상만 해도 끔찍한 일이었을 것입니다.

둘째, 카는 지속적으로 영양 공급을 받아야 했습니다. 이집트인들이 망자에게 음식이나 물건을 제물로 바치거나, 무덤에 실생활용 부장품을 넣은 것도 모두 카의 생명력을 유지하기 위한 것이었습니다. 또한 무덤 벽화나 부조에 제사 장면을 그려 넣은 것도 헤카의 힘, 그러니까 실제 제사가 이루어지지 않아도 마법으로 제사의 효과가 나도록 만든 것이었죠. 일종의 자동 제사 시스템인 셈이죠.

카의 생명력을 유지하기 위해, 이집트인들은 또 한 가지 장치를 마련했습니다. 바로 신전에 봉헌된 망자의 모습이 담긴 비석이나 석상입니다. 이 돌 조각들은 망자의 '아바타' 역할을 했습니다. 운이 좋

멘나에게 바쳐지는
각종 제물을 묘사한 벽화
(멘나의 무덤, 룩소르 서안)

무덤 속에 설치된 메레루카의 석상(사카라)

지 않아 시신이 손상을 입어도 이 석상들이 카를 존재할 수 있게 하는 '영혼의 그릇'으로 기능할 수 있었고, 또 이 석상을 통해 신전에서 제물을 드리면 망자의 영혼이 생명력과 영양을 공급받을 수 있었던 것입니다.

이렇게 바와 카가 온전히 존재하게 되면, 두 영혼이 결합해 고차원의 영혼인 '아크Akh'가 만들어집니다. 아크는 단순한 영혼이 아니라, 사후 세계에서 의식을 가지고 활동할 수 있는 격이 높은 영혼입니다. 아크라는 이름 자체가 '빛나는 자, 효과적인 자, 찬란한 자'라는 의미를 담고 있습니다.

영화 속에서는 종종 미라가 다시금 벌떡 일어나는 장면들을 보여주기도 합니다. 하지만 이것은 정확하지 않은 묘사입니다. 고대 이집트에서의 부활은 시신이 벌떡 일어나는 방식의 부활이 아니었습니다. 그보다는 아크라는 고차원의 영혼이 만들어져 내세에서 영생을 누리는 과정이었습니다. 고대 이집트인들에게 죽음은 끝이 아니라, 영혼이 새로운 형태로 변화하여 다시 살아나는 과정이었던 것이죠. 내세, 흔히 '아아루Aaru'라고 부르는 곳에서, 망자는 아크로서 새로운 삶을 이어가게 되는 것이었습니다.

아크
(람세스 3세의 장례 신전, 룩소르 서안)

아아루의 모습(아니의 〈사자의 서〉, 런던 영국 박물관)

미라 제작의 기원

고대 이집트에서 언제부터 미라가 만들어졌는지는 정확히 알 수 없습니다. 하지만 적어도 고왕국 4왕조 시대, 대략 기원전 2500년경, 다시 말해서 우리가 잘 알고 있는 기자의 피라미드가 지어지던 시기에는 이미 파라오와 상류 계층의 시신이 완벽한 미라로 만들어졌고, 그보다 이전인 초기 왕조 시대에도 시신을 미라로 만들려는 노력은 분명히 있었던 것으로 보입니다.

현재까지 확인된 가장 오래된 미라 중 하나는 플린더스 페트리Flinders Petrie(1853~1942년)가 1899년 아비도스에서 발견한, 초기 왕조 1왕조 시대의 미라입니다. 파라오 제르Djer의 무덤에서 발견된 이 미라는 시신 전체가 보존된 것은 아니었습니다. 팔뼈만 남아있었는데, 여러 겹으로 감긴 아마포 붕대 속에 있었습니다. 붕대에 금, 터키석, 자수정으로 만든 화려한 팔찌가 끼워져 있었던 것으로 보아, 이

플린더스 페트리(1853~1942년)

시신의 주인이 파라오 제르나 파라오와 가까운 왕족일 가능성이 높다고 추정됩니다. 하지만 아쉽게도 이 팔과 유골은 현재 분실되어, 사진으로만 확인할 수 있습니다.

2023년에는 사카라Saqqara에서 또 다른 오래된 미라가 발견되었습니다. 사카라는 최초의 피라미드인 조세르Djoser의 계단식 피라미드로 유명한 유적지로, 초기 왕조 시대부터 고대 이집트 문명이 끝날 때까지 반복적으로 사용된 공동묘지 구역입니다.

이때 발견된 미라는 약 4300년 전 것으로, 헤카셰페스Hekashepes라는 인물의 시신으로 추정됩니다. 이 미라는 약 15미터 깊이의 수직갱 아래, 완전히 봉인된 석관 안에서 여러 장신구와 함께 발견되었습니다. 그런데 이집트에서 미라 제작이 본격화된 이후에도 일반 사람들의 시신, 즉 상류층이 아닌 사람들의 시신은 인위적인 미라로 만들지 않는 경우도 많았던 것 같습니다. 하지만 이들의 시신은 특별한 장치 없이 그대로 땅속에 묻었기 때문에 자연적으로 미라가 되는 경우가 많았습니다. 이집트의 건조한 토양 덕분에 시신이 부패되기 전에 건조되었던 것이죠. 부패와 건조의 속도 경쟁에서 건조가 승리하게 되

게벨레인의 남자(런던 영국 박물관)

면 시신은 자연적으로 미라가 될 수 있었습니다.

이러한 자연 미라는 고대 이집트 문명이 본격적으로 시작되기 전인 선왕조 시대부터 존재했습니다. 현재도 몇몇 서구권 박물관에서는 이렇게 자연적으로 미라화된 시신을 볼 수 있는데, 그중 영국 박물관The British Museum의 '게벨레인의 남자'가 가장 유명합니다.

시설이 잘 갖춰진 무덤이 만들어지면서 시신은 더 이상 자연적으로 미라화되지 않았습니다. 석재, 진흙 벽돌, 목재 등으로 만들어진 무덤 구조물이 시신과 땅이 직접 접촉하지 못하게 만들었기 때문이죠. 인공적인 미라 제작이 시작된 것은 무덤이 제대로 만들어지기 시작한 시점과 맞물립니다.

고대 이집트인들에게 시신이 썩는 것은 자연스럽지 않은 일이었습니다. 시신을 그냥 땅에 묻어도 자연스럽게 건조되어서 그 형태가 오래도록 유지되는 경우가 많았기 때문이죠. 하지만 본격적으로 무덤을 만들기 시작한 이후부터는 점차 시신이 썩기 시작했고, 이렇게 시신이 썩는 것이 고대 이집트인들에게 굉장히 어색하게 여겨졌었던 것으로 보입니다. 자연적으로 미라화되지 않게 되자 사람들은 시신을 매장하기 전에 인위적으로 건조시키는 방법을 찾게 되었고, 이것이 바로 인공 미라 제작의 시작 배경이 된 것입니다.

미라를 만드는 방법과 죽음 이후의 세계

이집트인들은 미라를 만드는 방법에 관해서 자세한 기록을 남기지 않았습니다. 엄청나게 공을 들여 미라를 만들었음에도 불구하고, 그 제작 방법에 대한 기록이 남아있지 않다는 것은 조금 의아합니다. 어쩌면 미라나 피라미드처럼 아주 높은 수준의 제작 기술이 필요한 것들은, 그 제작 방법이 소수의 특별한 집단 내에서만 구전으로 전승되던 일종의 산업 기밀이었을 수도 있습니다. 실제로 최근 확인된 '루브르−칼스버그 파피루스' 속의 미라 제작 관련 내용도, 이미 미라 제작에 상당히 능숙한 이들의 기억을 돕는 용도로만 사용된 것으로 보입니다. 이 매뉴얼에는 시신을 건조시키는 핵심 작업에 대한 설명은 생략되어 있었고, 연고를 만들거나 붕대를 사용하는 방법처럼 외울 것이 많은 세부적인 내용들만 기록되어 있었습니다.

그렇지만 미라 제작에 관한 고고학적 증거들은 존재합니다. 비교적 최근에도 새로운 미라 제작실 유적이 사카라 지역에서 발견되었습니다. 당시 발굴단 책임자였던 무스타파 와지리_{Mostafa Waziri} 전 이집트 최고 유물위원회 사무총장은, 이 미라 제작실이 말기 시대 30왕조 시대(기원전 380~343년)의 것이며, 이 제작실에서는 사람뿐 아니라 여러 동물들도 미라로 만들어졌던 것으로 보인다고 설명했습니다.

이 제작실은 몇 개의 방으로 구성되어 있었고, 미라 제작용 석재 침대도 설치되어 있었습니다. 여기에는 피가 흘러내릴 수 있도록 하는 일종의 배수로도 만들어져 있었습니다.

(왼쪽부터) 따오기 미라(라이덴 국립고고학박물관), 원숭이 미라(카이로 이집트 박물관)

작업실 내에서는 '카노푸스 단지'로 불리는 용기들도 발견되었습니다. 카노푸스 단지는 신체에서 분리된 내장을 담는 용기입니다. 미라를 제작할 때에는 신체 내부 장기를 모두 제거해 따로 건조시키고 보관하는데, 이때 사용하는 것이 바로 카노푸스 단지입니다. 카노푸스 단지에는 위, 장, 폐, 간이 각각 담기며, 총 네 개의 용기가 한 세트로 구성됩니다. 자칼 모양의 두아무테프Duamutef 단지에는 위가 담기고, 매 모양으로 만들어진 퀘베세누프Qebehsenuf 단지에는 장이, 개코원숭이 모양의 하피Hapy 단지에는 폐가, 사람 모양을 하고 있는 암세티Imsety 단지에는 간이 담깁니다.

카노푸스 단지(파리 루브르 박물관)

구체적인 미라 제작 방법에 관하여 참고할 수 있는 가장 중요한 문헌은, 기원전 5세기경에 쓰인 헤로도토스의 기록입니다. 헤로도토스에 따르면, 미라 제작 방법은 신분에 따라 세 등급으로 나뉘었습니다. 일반적인 지위의 사람들은 시신만 건조하는 간단한 방식으로 만들었지만, 파라오, 귀족, 고위 사제 등 상류층의 미라는 매우 복잡한 방법으로 제작되었습니다.

첫 번째 방법은 가장 비용이 많이 들고 과정이 복잡합니다. 먼저 시신에서 내장과 뇌를 제거해야 합니다. 이 과정이 현대인들의 눈에는 다소 끔찍하게 느껴질 수 있는데요, 끝이 갈고리 모양인 쇠꼬챙이를 콧구멍 속으로 넣고, 머릿속 뇌를 부숴서 액체 상태로 만들어 여러 구멍을 통해 몸 밖으로 흘러나오게 합니다. 이 과정은 고도의 기술이 필요하며, 능숙한 장인만이 성공할 수 있었을 것입니다. 고대 이집트인들이 뇌를 제거한 이유는, 뇌를 중요한 기관으로 여기지 않았기 때문입니다. 뇌를 꺼낸 후에는 칼로 겨드랑이 아래쪽 옆구리를 가르고, 그

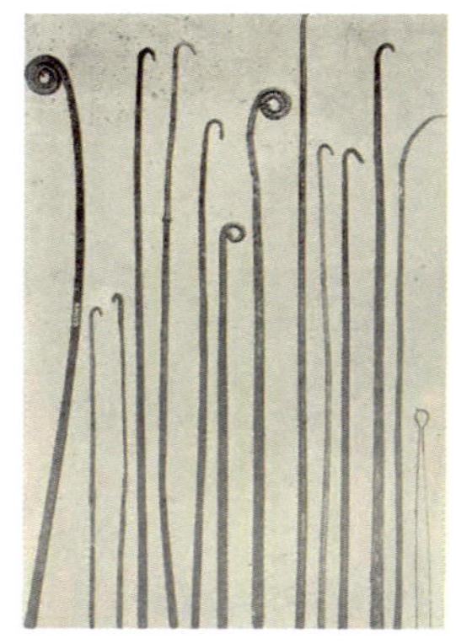

내장과 뇌를 제거할 때 쓰였던 쇠꼬챙이
(『의학사 개요(Syllabus of Medical History)』(1933) 수록 삽화)

구멍을 통해 위, 장, 간, 폐를 모두 꺼냅니다. 이 장기들은 따로 건조와 방부 처리를 한 후, 앞에서 설명한 네 개의 카노푸스 단지에 각각 넣어 보관합니다.

내장이 제거된 시신 내부는 송진을 바른 아마포로 채워 넣고, 갈라진 부위를 정성스럽게 꿰매어 외관상 온전하게 보이도록 합니다. 다만, 심장만은 제거하지 않고 몸속에 남겨 두었습니다. 이는 고대 이집트인들이 심장을 망자의 인격과 사유의 원천으로 여겼기 때문입니다. 그들은 감정, 사고, 의지가 뇌가 아닌 심장을 통해 발현된다고 생각했습니다. 심장은 사후 세계에서도 무게를 재어, 망자가 저지른 죄의 양을 측정하는 데 사용되기도 했습니다.

신왕국 시대에 제작된 사자의 서, 후네페르Hunefer라는 사람의 사자의 서는 내세로 들어가기 위한 최후의 심판장 장면을 보여줍니다.

아래의 그림 좌측부터 설명을 드려보죠. 하얀 옷을 입은 사람이 자칼 머리를 하고 있는 신에 의해서 인도됩니다. 이 신은 아누비스라는 신인데, 죽음과 관련된 신이며, 미라 제작을 담당했습니다. 아누비스

후네페르의 〈사자의 서〉(런던 영국 박물관)

의 안내를 받아 망자는 심판장으로 들어갑니다. 여기에서 가장 먼저 하는 것은 바로 심장의 무게 측정입니다. 아누비스 앞에는 저울이 놓여있으며, 저울의 좌측에는 심장이, 우측에는 깃털, 즉 마아트의 상징이 놓입니다. 심장이 이 마아트의 깃털보다 가벼워야, 망자는 살아생전 크게 악행을 저지르지 않은 사람으로 판단받습니다.

만약 마아트의 깃털보다 심장이 무거우면, 문제가 발생하죠. 망자는 악인으로 판정되고, 저울 앞에 앉아있는 암무트Ammut가 심장을 먹어 치워버리게 됩니다. 암무트는 머리는 악어, 몸의 앞쪽은 사자, 뒤쪽은 하마의 모습을 하고 있습니다. 이 세 동물은 고대 이집트인들이 가장 두려워한 존재였기에, 암무트는 공포의 총체라고 볼 수 있습니다. 자, 이렇게 심장이 암무트에게 먹히게 되면, 망자는 '절대 무無'의 상태로 돌아가게 되는데, 그렇게 되면 부활이 불가능해지는 것은 물론, 망자의 존재 자체가 사라지게 됩니다.

심장이 깃털보다 가벼운 사람들은 이 심판장을 통과하게 되는데, 그렇게 되면 호루스의 안내를 받아 저승의 왕 오시리스을 알현하게 되죠. 그리고 오시리스는 그가 악인이 아니라고 판결을 내리게 됩니다. 부활이 가능해지게 된 것이죠. 망자는 이제 내세인 아아루로 들어가 영원한 삶을 누리게 됩니다.

내장이 제거된 시신은 70일에 이르는 긴 시간 동안, 나트론Natron 이라고도 하는 천연소다로 덮어 놓습니다. 이 과정을 거치면 시신 속의 모든 지방 성분이 녹아내리고 시신은 완전하게 건조되는 것이죠. 이렇게 건조된 시신을 각종 향료로 정성스럽게 닦아낸 뒤에, 송진을

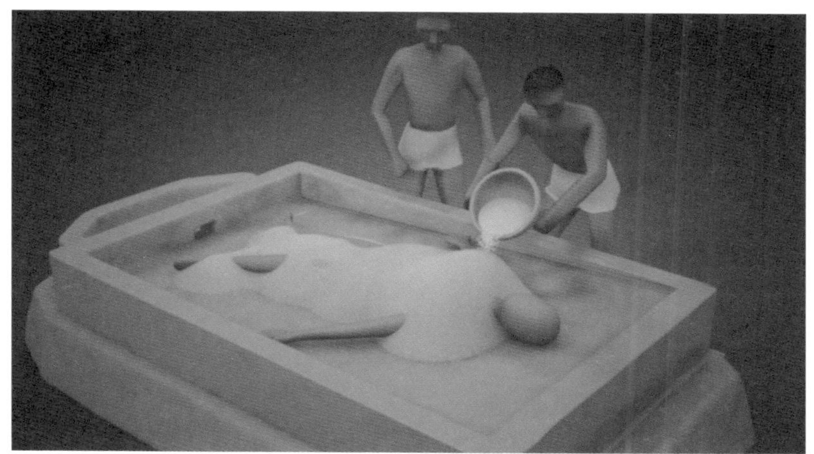

나트론으로 덮기

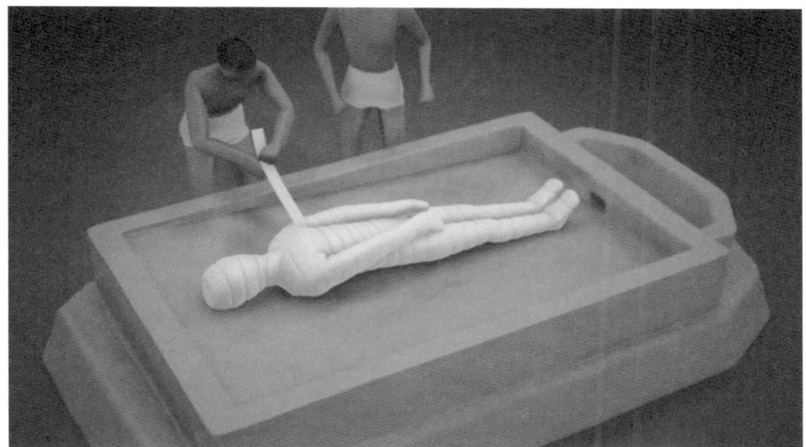

붕대로 감기

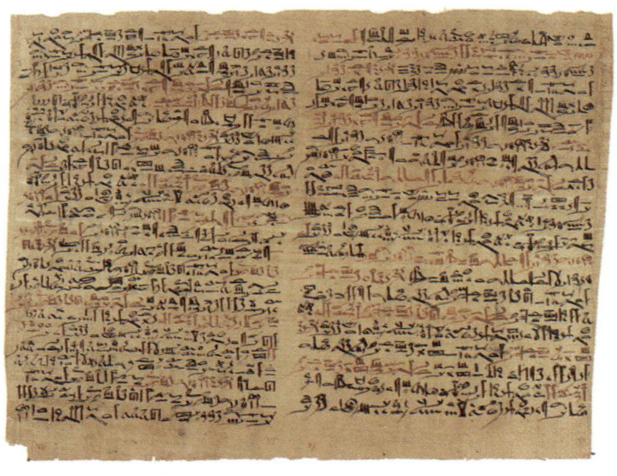

에드윈 스미스 의학 파피루스(뉴욕 의학아카데미)

발라서 하얀 아마포로 감습니다. 이렇게 하면 현대인들에게도 잘 알려져 있는 그 미라의 모습이 완성됩니다.

두 번째 방법은 첫 번째 방법보다는 덜 복잡하고 비용도 적게 듭니다. 다른 과정들은 첫 번째 방법과 동일하지만 뇌는 제거하지 않습니다. 그건 아마도 시신에서 뇌를 제거하는 작업이 가장 고도의 기술을 필요로 했기 때문일 겁니다. 그 밖의 내장들은 모두 제거되는데, 제거된 내장은 50여 일간 나트론으로 건조됩니다.

세 번째 방법은 가장 간단하고 저렴합니다. 뇌는 물론 내장도 제거하지 않습니다. 대신 내장을 녹이는 특수한 액체를 몸속에 넣은 다음 50여 일간 나트론으로 시신을 건조시킵니다.

이 모든 과정은 고대 역사가 헤로도토스의 기록에 근거한 내용입니다. 물론 그가 남긴 기록을 절대적으로 믿기는 어렵습니다. 하지만 지금까지 발굴된 수많은 미라들을 조사해 보면, 그 제작 방식이 헤로도토스가 묘사한 방법과 놀라울 만큼 비슷합니다. 그렇기 때문에 그의

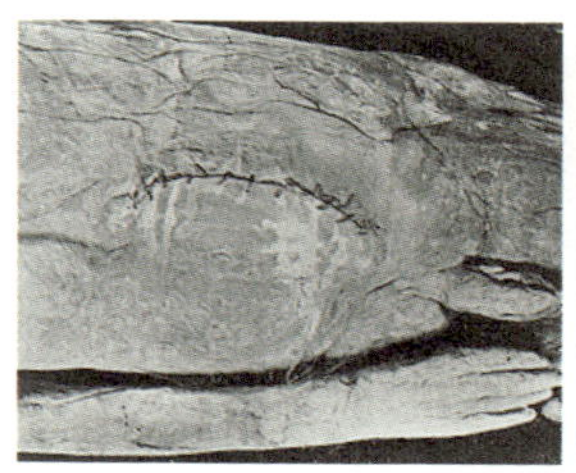

상처 봉합 흔적이 있는 미라와 의족(국립 이집트 문명 박물관)

기록이 완전히 정확하다고 단정할 수는 없어도, 적어도 미라 제작에 관한 그의 설명은 어느 정도는 신뢰할 만하다고 할 수 있습니다.

고대 이집트 미라 제작 과정은 신체 내부 장기 분리와 보존 처리 등 매우 복잡했습니다. 이 과정을 오래도록 반복하던 고대 이집트인들은 자연스럽게 해부와 시신의 보존에 관한 실용적 지식을 갖추게 되었던 것 같습니다. 시신을 바로 매장하거나 화장을 하는 문화권에서는 이런 지식을 확보하기 어려웠을 것입니다. 실제로 이런 해부의 경험은 나중에 외과 의학으로 발전하는 토대가 된 것으로 여겨집니다. 그 대표적인 사례가 바로 '에드윈 스미스Edwin Smith 의학 파피루스'죠.

이 파피루스는 기원전 약 1600년경에 기록된 일종의 의학 매뉴얼로, 총 48건의 외상과 부상에 대한 치료법이 적혀있습니다. 뇌 손상, 척추 손상, 골절과 같은 다양한 상처에 대한 치료법과 처치 절차가 아주 구체적으로 담겨있죠. 이것을 보면 고대 이집트인들이 신체의 기능과 운동성에서 뇌와 척수의 중요성을 이미 인식하고 있었을 가능성이 있습니다.

이 의학 매뉴얼은 당시 의사들이 마법이나 주술에만 의존하지 않았다는 사실을 보여줍니다. 그들은 직접 관찰하고, 경험을 쌓으면서 환자의 상태를 논리적이고 체계적으로 진단하는 방법도 알고 있었습니다. 물론 이집트의 의학 파피루스들 가운데는 주술적 방법을 제안하고 있는 것들도 있습니다. 그렇지만 에드윈 스미스 파피루스는 다른 기록들과 달리, 마법적인 요소보다 실제 관찰과 합리적인 치료 방식에 초점을 맞추고 있습니다. 이 사실을 염두에 둔다면, 이집트 의학은 단순한 미신의 세계를 넘어 이미 '임상적 의학으로 가는 길'을 열고 있다고도 말할 수 있게 됩니다. 고대 이집트 의학이 주술과 미신에만 의존했던 것이 아니라 체계적·실증적 접근도 시도했었습니다. 이런 실증적 지식은 어쩌면 미라 제작 과정에서 쌓인 해부학적 경험이 의학에 응용되었기 때문일 수도 있습니다. 에드윈 스미스 파피루스는 고대 세계에서 남아있는 가장 오래된 의학 교본 중 하나로 평가받습니다.

곽민수의
다시 만난
고대문명
(이집트)

8강

피라미드, 영원한 미스터리

Orientation

　‘고대 이집트’라는 말을 들으면 아마 가장 먼저 피라미드가 떠오르시는 분들이 많을 겁니다. 그만큼 피라미드는 이집트를 대표하는 이미지라고 할 수 있죠. 그런데 아이러니하게도, 우리는 피라미드에 대해서 알고 있는 것이 아주 많지는 않습니다. 이집트 사람들이 남긴 기록 가운데, 피라미드에 대해 구체적인 이야기를 하고 있는 것들이 많지 않기 때문이죠. 그래서 피라미드는 언제나 ‘미스터리한 대상’으로 남아있습니다.

　그런데요, 피라미드는 이집트에만 있는 것은 아닙니다. 전 세계 여러 지역에서도 피라미드형 건축물은 발견되죠. 마야Maya 문명권의 유적들이나 테오티우아칸Teotihuacan에도 피라미드가 있고요, 메소포타미아 지역에는 ‘지구라트Ziggurat’라고 하는 구조물이 있습니다. 중국의 황제 무덤들—특히 한나라나 당나라 시대의 황릉도 피라미드형으로 만들어졌고, 심지어 고구려의 장군총이나 백제의 적석총도 넓은 의미로 보면 피라미드라고 할 수 있습니다. 그래서 어떤 사람들은 이런 세계 곳곳의 피라미드들을 이집트의 피라미드와 연관 지어서 설명하려고 합니다. 특히 마야 문명과 테오티우아칸의 피라미드가 이집트의 피라미드들과 자주 비교의 대상이 되는데요, 사실 저는 이런 비교가 조금 무리한 시도라고 생각합니다. 무엇보다 이들 피라미드들은 공간적으로 멀리 떨어져 있는 것은 물론이고 시대적으로 차이가 너무 큽니다.

멕시코 치첸이트사의 엘 카스티요

멕시코 테오티우아칸의 태양의 피라미드

인도 간가이콘다 촐라푸람의 브리하디슈와라 사원

인도네시아 중부 자바주의 수쿠 사원

캄보디아 코케르의 프라삿 톰 피라미드

세계의 피라미드

  마야 문명의 대표적인 도시인 티칼Tikal이나 칼락물Calakmul의 피라미드는 대략 서기 5세기에서 6세기 무렵에 만들어졌고, 후기 마야 시대의 유적인 치첸이트사Chichen Itza의 '엘 카스티요'라고 불리는 피라미드는 8세기에서 12세기 사이에 지어진 것으로 추정됩니다. 테오티우아칸의 태양의 피라미드와 달의 피라미드 역시 서기 1세기에서 5세기 사이에 세워졌습니다. 반면, 이집트의 피라미드는 훨씬 더 이전인 기원전 27세기에서 21세기 무렵, 즉 지금으로부터 4600년에서 4200년 전쯤에 지어졌습니다. 이처럼 시간의 간격이 수천 년이나 되기 때문에, 단순히 모양이 비슷하다라는 이유로 연결 짓기는 어려울 것 같습니다.

  또 구조적으로도 두 지역의 피라미드는 확연한 차이가 있습니다. 메소아메리카의 피라미드는 대체로 외부에 계단이 있어서 사람이 직접 올라갈 수 있습니다. 왜냐하면 그 피라미드들은 신전神殿, 즉 신을 위한 제단 역할을 했기 때문이죠. 사람들이 이 피라미드 위로 올라가 제사를 지내거나 의식을 진행했습니다. 하지만 이집트의 피라미드는 완전히 다릅니다. 이곳은 신전이 아니라 파라오의 무덤이었기 때문에, 사람이 밖에서 올라갈 필요가 전혀 없었습니다. 기능 자체가 완전히 달랐던 것이죠. 그렇다면 이들 건축들은 왜 모두 피라미드 형태로 지어졌을까요?

왜 피라미드인가?

　인간은 예전부터 무언가를 높게 쌓고 싶어하는 본능을 가지고 있었습니다. 높이 쌓아 올릴수록, 하늘에 더 가까워지는 느낌이 들었기 때문이죠. 구조적으로 봤을 때, 무언가를 높이 쌓을 때 가장 안정적인 형태가 바로 사각뿔 모양, 피라미드입니다. 물론 중세의 고딕 성당이나 현대의 철근콘크리트 건축물에서는 피라미드 형태가 아니어도 건물을 충분히 높게 지을 수 있었습니다. 하지만 그 이전 시대에는 기술적으로 그것이 불가능했죠. 그래서 당시 사람들에게 피라미드 형태는 구조물을 높게 쌓고자 할 때 선택할 수 있는 가장 합리적인 방법이었습니다. 이런 이유로 세계 여러 지역에서 자연스럽게 피라미드 구조물들이 등장했던 것이죠. 세계 각지에서 나타나는 피라미드들은 각 문명이 서로 영향을 주고받은 결과라기보다는 인간이 본능적으로 갖고 있는 '높은 곳에 대한 동경'이 만들어 낸 결과라고 볼 수 있습니다. 인류는 분명히 시대와 장소를 막론하고 '높이 쌓고 싶은 욕망', 즉 하늘에 닿고자 하는 의지를 공통적으로 가지고 있었던 것 같습니다. 그런 만큼 우리는 세계 각지의 피라미드들을 단순히 미스터리한 대상으

(왼쪽부터) 쾰른 대성당, 엠파이어스테이트 빌딩

로 볼 것이 아니라, 인류가 하늘과 영원을 향해 쌓아 올린 '신념의 구조물'로 바라보아야 할 것 같습니다.

자, 그러면 이제부터 본격적으로 고대 이집트 피라미드에 대해서 함께 살펴보겠습니다.

원래 '피라미드'라는 말은 특정 지역, 즉 이집트의 피라미드들만을 가리키는 표현이 아니라 그저 사각뿔 형태의 건축물을 뜻하는 일반명사입니다. 그렇다면 피라미드라는 말은 어디서 왔을까요?

피라미드는 고대 그리스어 '피라미스πυραμίς'에서 유래한 것으로 알려져 있습니다. 그리스 사람들이 먹던 사각뿔 모양의 빵을 '피라미스'라고 부르는 것으로 전해지죠. 또 그 모양이 이집트의 피라미드와 닮았기 때문에, 이집트의 거대한 건축물에도 그 이름이 붙은 것으로 여겨집니다.

또 다른 설도 있습니다. 고대 이집트어 '페르-엠-우스(높은 곳에서 온 것)'는 원래 삼각형의 높이를 지칭하는 단어였는데, 이것이 그리스어로 변형되어 피라미스가 되었다는 주장도 있죠.

그런데 정작 고대 이집트인들은 피라미드를 피라미드라고 부르지 않았습니다. 그들은 피라미드를, 여러분들께는 아주 생소할 '메르mr'라는 단어로 불렀습니다. 이 단어의 어원은 확실하지 않지만, 피라미드를 뜻하는 결정 문자는 실제로 피라미드 모양으로 그려졌습니다.

고대 이집트인들은 피라미드에 각각 다른 이름을 붙이기도 했습니다. 지금까지 알려진 이집트의 피라미드는 100기 이상이고요, 최근 새로 발견된 것들까지 합치면 대략 130기 정도로 추정됩니다. 우리가

아케트-쿠푸

일반적으로 '대피라미드'라고 부르는 쿠푸의 피라미드, 이 피라미드의 진짜 이름은 '쿠푸의 지평선'입니다. 이집트어로는 '아케트-쿠푸'라고 하죠. 여기서 '아케트'는 지평선을, '쿠푸'는 파라오의 이름을 뜻합니다. 이집트에서는 신이나 왕의 이름을 존중하는 의미로 항상 문장의 맨 앞에 두었기 때문에 실제 표기는 '쿠푸-아케트'로 되어있죠. 또 대피라미드 바로 옆에 지어진 카프라Khafra(재위 기원전 2558~2532년)의 피라미드에는 '카프라는 위대하다'라는 이름이 붙여져 있었고, 다슈르에 있는 굴절 피라미드는 '남쪽의 빛나는 것'이라는 이름을 가지고 있습니다.

이번에는 피라미드가 언제, 어디에서 지어졌는지 한번 살펴보겠습니다. 피라미드는 고대 이집트를 대표하는 무덤 양식이지만, 고대 이집트 전 시기에 걸쳐서 계속 만들어진 것은 아닙니다. 이집트의 피라미드들은 대부분은 고왕국 시대, 그러니까 대략 기원전 2700년에서 2200년 무렵에 집중적으로 지어졌습니다. 우리가 잘 알고 있는 조세르의 계단 피라미드와 쿠푸·카프라·멘카우라Menkaura(재위 기원전 2532~2503년)의 기자 피라미드 모두 바로 이 시기 동안에 만들어졌죠.

이집트의 피라미드 대부분은 아부 라와쉬Abu Rawash에서 다슈르까지, 대략 30킬로미터 정도 되는 지역에 모여있습니다. 오늘날 이집트의 수도인 카이로Cairo 인근이죠. 조금 더 넓게 보면 메이둠과, 하와라Hawara, 엘-라훈El-Lahun과 같은 중왕국 시대의 피라미드가 지어진 지역까지 포함해서, 약 100킬로미터 범위 안에서 나일강을 따라 강의 서안에 집중적으로 지어졌습니다.

이렇게 제한된 지역 내에서만 피라미드 지어진 데에는 크게 세 가지 이유가 있었습니다.

첫째, 피라미드는 태양과 관련이 있는 상징성을 갖고 있기 때문에 태양신 숭배의 중심지인 헬리오폴리스와 지리적으로 가까운 곳에 지어질 필요가 있었습니다. 둘째, 피라미드는 대형 석조건축물인 만큼, 건축 자재인 석재를 쉽게 구할 수 있는 곳에 지어지는 것이 유리했습니다. 셋째, 피라미드는 아주 크고 무거운 구조물이었기 때문에 단단하고 넓은 대지가 있어야 했습니다.

이 세 가지 조건이 다 갖춰진 곳이 바로 그 지역이었던 것이죠. 그래서 지금 우리가 보는 이른바 '피라미드 벨트'가 그 일대에 형성된 것이라고 할 수 있습니다.

피라미드의 변천

　최초의 피라미드는 고왕국 3왕조 시대의 파라오, 조세르에 의해 지어졌습니다. 조세르는 대략 기원전 2667년에서 2648년까지 왕위에 있었던 파라오입니다. 그러니까 최초의 피라미드는 대략 기원전 2650년경에 지어진 셈입니다.

　그런데 이 피라미드는 우리가 흔히 알고 있는 완전한 사각뿔 형태가 아니라, 계단식으로 만들어졌습니다. 아마도 이 피라미드는 처음부터 피라미드로 설계된 것 같지 않습니다. 애초에는 '마스타바Mastaba' 형식으로 지어진 것으로 보이죠.

　마스타바는 납작한 상부구조를 가진 무덤인데, 피라미드가 왕묘로 사용되기 이전, 왕의 무덤으로 사용되던 전통적인 무덤의 형식이었습니다. 그런데 정확한 이유는 알 수 없지만, 조세르의 무덤을 만드는 과정 중에 이 마스타바를 중첩해서 쌓는 식으로 증축이 되었고, 이후

조세르(카이로 이집트 박물관)

4단으로 쌓았다가, 최종적으로는 6단으로 완성되었습니다. 이렇게 계단식 피라미드를 만든 것은 어쩌면 파라오가 하늘로 올라가고자 하는 의지를 물리적으로 표현하려 한 것일 수도 있습니다.

당시 고대 이집트에는 별 신앙이 유행하고 있었습니다. 흔히 고대 이집트라고 하면 태양 신앙을 제일 먼저 떠올리지만, 고왕국 초기에는 아직 태양 신앙이 사회의 주류 이데올로기가 되지는 못한 상태였습니다. 이 시기의 주류 이데올로기는 별 신앙이었습니다. 죽은 파라오는 이 별 신앙에 근거해 하늘로 올라가 별과 동화된다고 믿었고, 그렇기 때문에 파라오에게는 하늘로 올라가는 계단이 필요했을 수도 있습니다.

이때 파라오가 하늘로 올라가 동화된다고 믿었던 별은 주로 북쪽의 주극성, 그러니까 밤 동안 지지 않는 별들이었습니다. 고대 이집트인들은 이 지지 않는 별을 영생과 연결시켰기 때문에, 피라미드의 입구는 언제나 북쪽, 이 별들을 향하도록 만들어졌습니다.

조세르 시대 이후에도 두세 번 정도 계단식 피라미드가 더 지어졌고, 그러다가 제3왕조 마지막 파라오 후니 Huni(재위 기원전 2637~2613년) 시대에 이르러 본격적인 사각뿔 형태의 피라미드가 등장합니다. 이 시기부터 태양 신앙이 전면에 등장하게 되었는데, 별 신앙과 태양 신앙이 경쟁하면서 점차 태양 신앙이 별 신앙을 압도하게 됩니다.

일반적인 사각뿔 형태의 피라미드는 단순히 무덤 이상의 의미를 가지고 있습니다. 이집트 사람들에게 피라미드는 여러 가지 상징을 담고 있었죠.

조세르 계단식 피라미드(사카라)

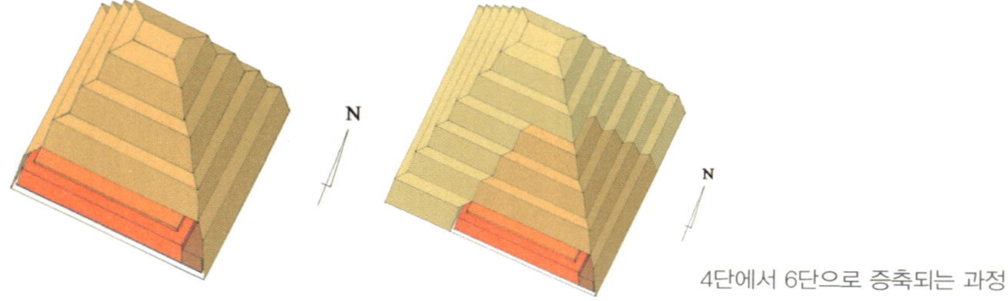

셉세스카프의 마스타바(사카라)

4단에서 6단으로 증축되는 과정

후니(뉴욕 브루클린 박물관)

피라미드는 태초의 혼돈 속에서 솟아오른 최초의 언덕, 즉 태양신이 처음 떠오른 장소를 상징하기도 했습니다. 또 한편으로는 사방으로 퍼져 나가는 태양 빛을 형상화한 것이기도 합니다.

이처럼 태양 신앙이 점점 강해지면서, 파라오의 무덤, 즉 피라미드는 자연스럽게 태양과 관련된 상징들을 반영하게 된 것입니다. 하지만 후니는 자신의 피라미드가 완공되는 것을 보지 못하고 세상을 떠났습니다. 그 뒤를 이은 왕이 바로 스네페루인데요, 스네페루는 장인인 후니가 짓던 피라미드를 이어 완성시켰습니다.

후니의 피라미드는 메이둠 지역에 세워졌습니다. 하지만 아쉽게도, 완공된 지 얼마 지나지 않아 붕괴했던 것으로 여겨집니다. 그래서 지금은 '붕괴 피라미드' 혹은 '무너진 피라미드'라고 불리고 있죠. 붕괴의 원인은 완전히 밝혀지진 않았지만, 구조적인 결함이나 설계상의 문제 때문이었을 가능성이 높습니다.

스네페루는 메이둠의 공사를 마무리하는 과정 중에 다슈르 지역에 자신의 피라미드를 짓기 시작했습니다. 파라오들이 즉위하자마자 자신의 무덤을 준비하기 시작하는 것은 이집트에서는 아주 자연스러운

적을 공격하고 있는 스네페루(대이집트 박물관)

일이었습니다. 무덤은 파라오들에게 평생에 걸쳐 완성해야 하는 업적이었기 때문입니다.

스네페루의 다슈르 피라미드도 처음에는 메이둠 피라미드처럼 경사각이 50도 이상으로 설계되었습니다. 하지만 앞서 메이둠 피라미드가 무너지는 것을 직접 경험한 건축가들은 '이건 너무 가파르다'라는 걸 깨달았던 것 같습니다. 그래서 공사 도중 상단부의 경사각을 약 43도로 낮추기로 결정한 것으로 보입니다. 그 결과 완성된 피라미드는 중간에서 각도가 '꺾여있는' 독특한 형태가 되었습니다. 이 피라미드가 바로 우리가 오늘날 '굴절 피라미드'라고 부르는 건축물입니다.

이 굴절 피라미드는 외부에서 볼 수 있는 모습뿐만이 아니라 내부의 구조도 매우 독특합니다. 모든 내부 구조가 이중으로 되어있죠. 입구도 두 개, 통로도 두 개, 심지어 매장실도 두 개가 있습니다. 이것은 단순한 설계상의 실수가 아니었습니다. 남북축은 '별의 신앙'과 관

메이둠의 붕괴 피라미드

다슈르의 굴절 피라미드

련이 있고, 동서축은 '태양 신앙'과 관련이 있습니다. 굴절 피라미드의 이중 구조는 서로 다른 신앙 세력 간의 갈등을 조화롭게 풀기 위한 스네페루의 절충안, 즉 일종의 탕평책이었다고 생각됩니다. 하지만 스네페루는 결국에 완성된 이 굴절 피라미드가 마음에 들지 않았던 것 같습니다. 그는 건축가들에게 새로운 피라미드를 다시 지으라고 명령을 내렸던 것으로 보입니다. 피라미드를 짓는 데는 10년이 훨씬 넘는 세월이 걸렸을 테니까 당시 파라오의 명령을 받은 건축가들은 분명히 좌절했을 겁니다. 하지만 건축가들은 다시 움직이기 시작했습니다.

그 결과, 굴절 피라미드에서 북쪽으로 약 2킬로미터 떨어진 곳에 새로운 피라미드가 세워졌죠. 그렇게 해서 새롭게 만들어진 피라미드가 오늘에는 '붉은 피라미드'라고 불리는 피라미드입니다. 이 피라미드는 애초부터 경사각을 굴절 피라미드 상단부의 경사각과 같은 43도로 잡았습니다. 붉은 피라미드는 이집트 역사상 처음으로 완전히 완성된 정상적인 사각뿔 피라미드였습니다. 이때부터 비로소 우리가 흔히 떠올리는 '온전한 피라미드의 형태'가 만들어지게 된 것이죠. 그리고 피라미드의 구조도 표준화됩니다. 굴절 피라미드처럼 남북축과 동서축을 동시에 반영하던 방식이 붉은 피라미드에도 적용되었지만, 보다 간소화되고 형식화되었습니다. 그 결과 피라미드는 전통적인 방식을 따라 남북축을 따라 건설되지만, 피라미드 내부에서 제일 중요한 공간이라고 할 수 있는 매장실만은 동서축으로 배치되었죠. 이 구조는 이후 모든 피라미드 내부에도 적용됩니다. 피라미드 건설에 관한 기본 규범이 되었다고 할 수 있죠.

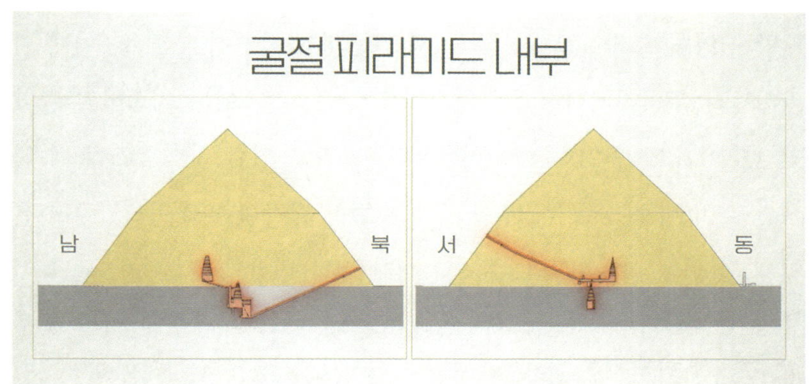

굴절 피라미드 남북 통로와 매장실, 동서 통로와 매장실

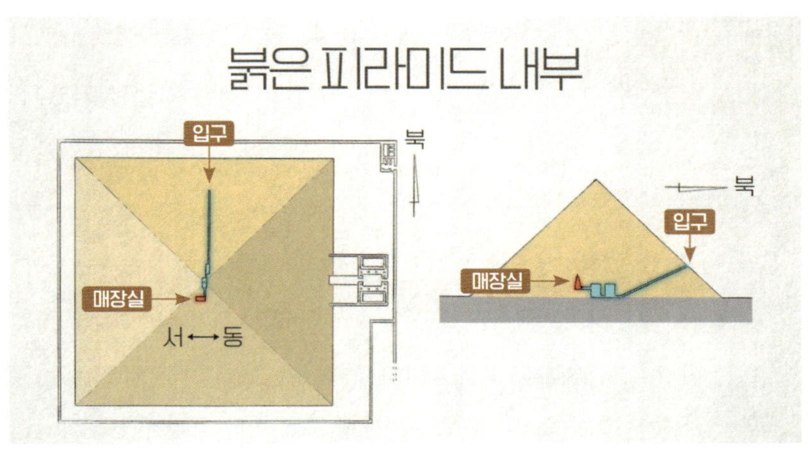

붉은 피라미드 입구와 매장실

정리해 보자면 이집트 피라미드는 이렇게 변천의 과정을 겪었습니다. 마스타바에서 출발해 계단식 피라미드로 발전하고, 그 과정에서 별 신앙과 파라오의 하늘로 오르고자 하는 염원이 반영됩니다. 이후 태양 신앙이 강해지면서 지금의 사각뿔 형태로 변하게 되죠. 이때 피라미드가 무너지거나, 굴절 피라미드 같은, 애초에는 의도하지 않았던 피라미드가 지어지기도 했습니다. 그리고 이런 시행착오 끝에 완성된 것이 바로 붉은 피라미드, 즉 완전한 사각뿔 피라미드였습니다. 이 과정 중에 피라미드 내부에도 점차 태양 신앙과 관련이 있는 동서 축이 반영되기 시작했습니다. 그리고 드디어 스네페루의 아들 쿠푸 시대에 이르면서 피라미드 건축술은 절정에 이릅니다.

쿠푸가 세운 대피라미드, 우리가 흔히 '기자의 대피라미드'라고 부르는 그 건축물은 정말 놀라운 규모입니다. 밑변이 230미터, 높이가 147미터, 돌 블록은 약 230만 개, 전체 무게는 무려 600만 톤에 이릅니다. 이런 대형 건축물이 4500년 넘게 그 형태를 온전히 유지하고 있을 정도로 건축공학적 완성도도 매우 높은 수준입니다.

쿠푸의 아들 카프라는 아버지의 대피라미드 옆에 자신의 피라미드를 세웠고, 그 손자인 멘카우라는 그 옆에 세 번째 피라미드를 지었습니다. 멘카우라 피라미드는 높이가 약 65미터로, 인근에 있는 아버지와 할아버지 피라미드보다는 분명하게 작지만, 그 자체로는 여전히 거대한 규모입니다. 그런데 흥미로운 것은, 멘카우라의 뒤를 이은 셉세스카프Shepseskaf(재위 기원전 2503~2498년)는 피라미드를 포기했다는 사실입니다. 그는 피라미드 대신 마스타바를 자신의 무덤으로 선택했습니다. 이유는 명확하지 않지만, 태양 신앙이 지나치게 강해지

쿠푸, 카프라, 멘카우라의 피라미드

는 것을 견제하기 위한 선택이었을 것이라고 생각됩니다.

또 하나 흥미로운 것은, 그 이전 세 명의 파라오 이름에는 모두 태양신 '라'가 들어가 있었는데, 셉세스카프의 이름에는 없다는 사실입니다. 이전 왕들의 이름은 '라처럼 굳건하다', '라처럼 나타난다', '라의 영혼은 영원하다'와 같은 식이었는데, 셉세스카프의 이름은 '그의 영혼은 고귀하다'였습니다. 태양신과는 거리를 둔 이름이라고 할 수 있습니다.

하지만 그의 시도는 오래가지 못했습니다. 셉세스카프 이후 파라오들은 다시금 피라미드를 짓기 시작했죠. 하지만 이때부터 피라미드의 규모는 급격하게 작아지고, 완성도 역시 떨어지게 됩니다. 이것은 단순히 기술이 떨어져서가 아니라, 태양 신전과 같은 다른 대형 건축물에 자원과 인력이 분산됐기 때문이라고 할 수 있습니다. 이 흐름은 6왕조 시대까지 이어지고, 이집트의 고왕국이 붕괴하면서 피라미드도

쿠푸(카이로 이집트 박물관)

셉세스카프(보스턴 미술관)

잠시 사라집니다. 이후 혼란스러운 제1중간기를 지나 중왕국 시대가 시작되면 피라미드는 다시 등장합니다. 대신 중왕국이 탄생하자마자 피라미드가 바로 재등장한 것은 아니고, 11왕조(기원전 2550~1985년)에서 12왕조(기원전 1985~1773년)로 왕조가 바뀐 후에 피라미드 건설이 다시 시작되었죠.

재등장한 피라미드는 규모도 매우 작고, 또 돌이 아닌 햇볕에 말린 벽돌을 주재료로 사용했습니다. 대표적으로 리슈트Lisht의 아메넴헤트Amenemhat 1세, 센우스레트Senusret 1세, 라훈의 센우스레트 2세, 그리고 다슈르와 하와라의 아메넴헤트 3세의 피라미드가 이 중왕국 시대에 세워졌습니다.

신왕국 시대가 되면서 피라미드는 더 이상 사용되지 않게 됩니다. 대신 파라오들은 무덤의 위치를 지상에서는 쉽게 찾을 수 없는 지하에 만들어진 암굴묘에 묻히게 되죠. 여러분들에게도 널리 알려진 투탕카멘이나 람세스 2세 같은 파라오들은 피라미드가 아닌 암굴묘에 묻혔습니다.

그 후 한참의 세월이 지나, 25왕조 시대(기원전 747~656년), 즉 누비아 출신 파라오들이 등장하면서 피라미드가 부활합니다. 이집트 문화를 흡수한 누비아의 왕들은 자신들의 왕권을 강조하고 고대 이집트의 영광을 재현하기 위해 피라미드를 다시 세우기 시작합니다. 그리고 이 피라미드 전통은 그들이 고향으로 돌아간 뒤에도 이어졌습니다. 누비아, 지금의 수단 지역에서는 무려 서기 3세기까지 피라미드가 계속 지어졌습니다.

센우스레트 2세 피라미드(엘-라훈)

왕들의 계곡 전경(룩소르)

누비아 지역의 피라미드(수단 메로에)

누비아 왕조의 파라오들(수단 케르마 박물관)

피라미드의 건설

지금까지 피라미드 변천 과정에 대해서 살펴봤는데요, 여기서 한 가지 더 짚고 넘어가고 싶은 부분이 있습니다. 바로 피라미드 내부 구조와 관련된 이야기입니다. 초창기 피라미드들을 보면, 내부 방들의 천장이 모두 '들여쌓기 방식'으로 만들어진 볼 수 있습니다. 들여쌓기 방식이라는 건 천장을 계단처럼 층층이 쌓는 것인데, 이 구조 덕에 피라미드 상부에 걸리는 무거운 하중을 양쪽으로 분산시키면서 내부 공간을 확보할 수 있었습니다. 공학적으로 굉장히 합리적인 선택이죠. 붕괴 피라미드나 굴절 피라미드, 붉은 피라미드에서도 이 들여쌓기 천장이 모두 등장합니다. 그런데 대피라미드 시대가 되면 상황이 조금 달라집니다. 대피라미드에서는 들여쌓기 방식뿐만 아니라 수평 천장, 맞배 천장까지, 세 가지 방식이 모두 등장하죠.

왕의 방에는 수평 천장, 왕비의 방에는 맞배 천장, 그리고 대회랑에는 들여쌓기 천장이 적용되었습니다. 제 생각에는 당시 건축가들이 이 대피라미드에서 자신들이 할 수 있는 모든 것을 시험해 본 게 아닐까 싶습니다. 요즘 식으로 표현하자면, 대피라미드 내부에서 건축 프로토콜 경쟁이 벌어졌다고 할 수도 있을 것 같습니다. 그 이후 피라미드 내부 공간의 천장은 모두 맞배 천장이 사용됩니다.

피라미드가 지어진 시대는 청동기 시대였습니다. 그러니까 피라미드를 만들 때 청동 도구를 사용할 수 있었다는 뜻이죠. 실제로 피라미드 주변에서 청동 도구가 발견되었는데, 아마 돌을 채석하거나 다듬는 데 사용되었을 것입니다.

기자에서 출토된 청동 도구들(라이프치히 이집트 박물관)

2013년, 홍해변의 와디 알−자르프Wadi al−Jarf라는 유적에서는 파피루스가 발견되기도 했습니다. 바로 대피라미드 건설 현장에서 석재 운반을 관리했던 작업반장 메르에르Merer의 일지였는데요, 그래서 이 기록을 '메르에르의 일기'라고 부르기도 하고, '와디 알−자르프 파피루스'라고도 합니다.

이 파피루스에는, 대피라미드의 외장석을 만들기 위해 석재를 기자에서 동쪽으로 약 10킬로미터 떨어진 투라Tura에서 채석하고, 이를 피라미드 현장으로 운반하는 과정이 기록되어 있습니다. 이 과정은 계속 반복됩니다. 돌을 채석해 배에 싣고 운반하고, 다시 투라로 돌아가 채석하고…. '대피라미드의 외장석이 투라에서 채석되었을 것이다'라는 가설이 이 기록을 통해서 어느 정도 검증되었다고 할 수 있습니다.

그리고 피라미드를 쌓으려면 돌을 높은 곳으로 올려야 하는데, 이때 경사로와 도르래와 같은 도구가 사용되었을 가능성이 큽니다. 경사로에 대해서는 여러 가지 가설이 있습니다. 피라미드 전체를 감싸는 나선형 경사로, 또는 그냥 길게 뻗은 직선형 경사로 등 다양한 형태가 제안되었습니다. 1990년대에는 조금 다른 내부 경사로 가설도 나왔는데요, 피라미드 외부에 경사로를 만드는 대신, 피라미드 몸체 내부, 가장 바깥쪽에 레일 같은 시설을 설치해 돌을 상부로 올렸다는 가설입니다. 이를 '내부 경사로 가설'이라고 하죠.

피라미드 건설은 홍수기, 그러니까 아케트 시기에 집중적으로 이루어졌을 가능성이 높습니다. 이 시기에는 돌을 배로 더 멀리까지 운반할 수 있었고, 농한기였던 만큼 농사에 투입되던 노동력도 피라미드 건설에 동원할 수 있었기 때문이죠. 그런데 흥미로운 것은, 이 노동자들이 생각보다 괜찮은 대우를 받았다는 점입니다. 피라미드 주변에서는 노동자들이 거주하던 캠프와 마을 유적이 발견됐는데, 구조나 환경이 상당히 양호했습니다. 게다가 동물 뼈와 생선 뼈도 많이 나왔는데, 이는 노동자들에게 충분한 단백질이 공급되었음을 의미합니다. 조금 더 후대 기록이긴 하지만, 기원전 5세기에 헤로도토스가 쓴 기록에는 피라미드 건설 노동자들에게 마늘과 양파가 지급되었다고 언급되어 있습니다. 사실 여부는 정확하지 않지만, 적어도 헤로도토스 당대의 이집트인들이 비교적 괜찮은 대우를 받았다는 인식을 가지고 있었던 것만큼은 분명한 것 같습니다.

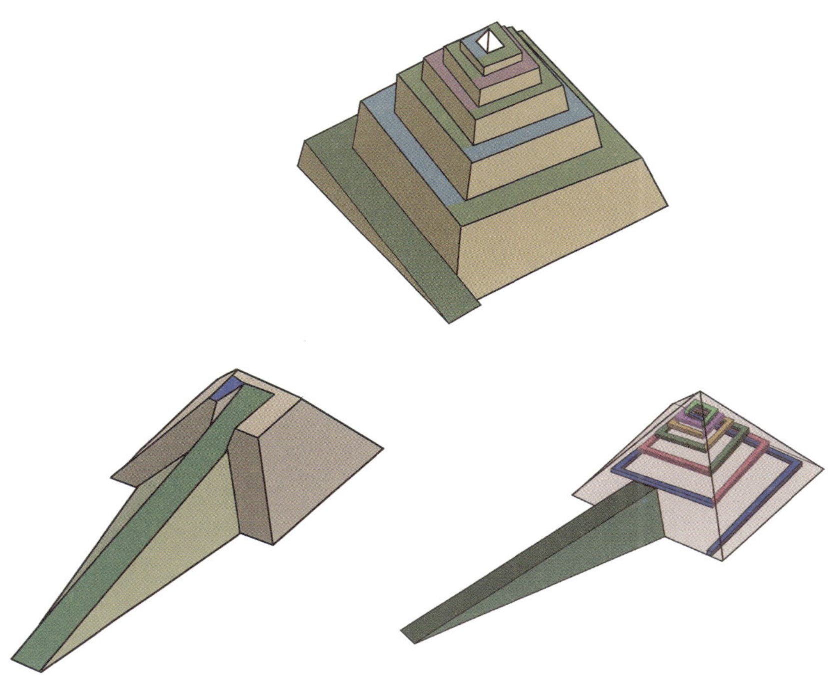

경사로 가설((위부터 시계 반대 방향) 나선형 경사로, 일반 경사로, 내부 경사로)

피라미드를 향한 도전

피라미드에 대해서는 여전히 풀리지 않은 수수께끼들이 많습니다. 그러나 연구자들은 포기하지 않고 계속 도전을 이어가고 있습니다. 지금 이 순간에도 조사와 연구가 이루어지고 있다는 뜻이죠.

비교적 최근에도 대피라미드 내부에서 새로운 공간이 발견된 사례들이 있습니다. 1993년, 이집트 정부는 대피라미드의 '왕의 방'에서부터 피라미드의 외부까지 뚫려있는 작은 통로, 흔히 '환기구'라고 불리는 그 공간을 청소하기로 했습니다. '환기구'라고 불리기는 하지만 실제 환기구는 아니었던 이 통로를 정말 환기구로 사용하기 위한 목적이었습니다. 하지만 이 환기구 내부는 수천 년 동안 먼지와 동물 배설물이 쌓여있었기 때문에 이를 정리할 필요가 있었던 것이죠. 이 작업을 위해 독일의 로봇공학자 루돌프 간덴브링크Rudolf Gantenbrink가 의뢰를 받았습니다. 그는 작은 로봇을 설계해 그 안으로 넣었고, 청소 작업은 성공적으로 끝났습니다.

이 환기구는 왕의 방뿐만 아니라 하단에 있는 왕비의 방에도 있었습니다. 하지만 왕비의 방 환기구는 밖으로 연결되지 않은 막다른 구조였습니다. 게다가 폭이 20~30센티미터 정도밖에 되지 않아 사람이 직접 들어갈 수 없었죠.

간덴브링크는 같은 로봇을 이용해 조사를 시작했습니다. 그 결과, 통로는 약 60미터나 이어져 있었고, 그 끝에는 청동 손잡이가 달린 작은 문이 있는 것을 발견할 수 있었습니다. 당시로서는 충격적인 발견이었죠. 그 후 2002년, 내셔널 지오그래픽 팀이 새로운 로봇을 투입했습니다. 이번 로봇에는 드릴과 내시경 카메라가 장착되어 있었

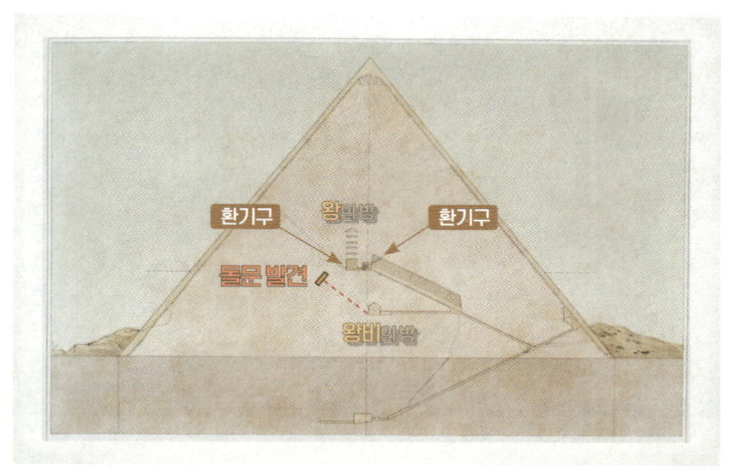

왕의 방 내부 환기구와 왕비의 방 돌문 확인

고, 그 문에 작은 구멍을 뚫고 카메라를 넣어 안쪽을 조사했습니다. 특별한 시설은 발견되지 않았지만, 안쪽 벽에 또 다른 문 같은 흔적이 보였습니다.

시간이 흘러 2011년에는 '제디 프로젝트'라는 이름으로 다국적 조사팀이 활동을 시작했습니다. 이번 로봇은 360도 회전 카메라를 탑재하고 있었기에 통로 전체를 촬영할 수 있었습니다. 특별한 구조물은 발견되지 않았지만, 통로 벽과 작은 방 내부 바닥에 글씨가 새겨져 있는 것이 확인되었습니다. 이 부분에 대한 연구는 아직까지도 진행 중이죠.

2016년과 2017년에는 '스캔 피라미드 프로젝트'가 진행되었습니다. 우주 입자 중 하나인 뮤온을 이용해 대피라미드 내부를 엑스레이로 찍는 것처럼 촬영한 조사였죠. 그 결과 대피라미드 대회랑 위쪽에 길이 약 30미터의 빈 공간이 있을 가능성이 제기되었습니다. 또한 입구

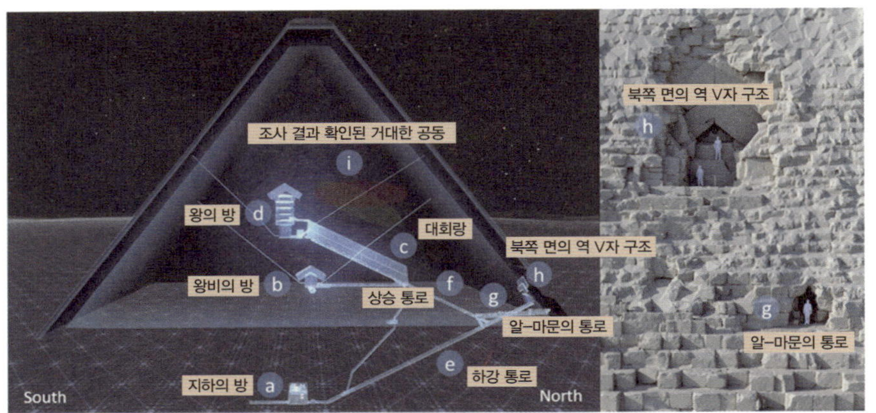

스캔 피라미드 프로젝트

상단부에도 약 10미터 길이의 통로가 있을 가능성이 확인되었는데, 실제로 2023년 내시경 카메라를 넣어 촬영한 결과 이 통로가 존재한다는 사실이 드러났습니다. 스캔 피라미드 프로젝트가 꽤 정확한 연구였음을 입증한 셈이죠.

이처럼 피라미드는 여전히 미스터리로 가득합니다. 하지만 학자들은 결코 포기하지 않고, 그 수수께끼를 풀기 위해 더 과감하게 도전하고 있습니다. 고고학은 원래 집념과 끈기가 결국 성취로 이어지는 학문이니까요. 언젠가 피라미드의 더 많은 비밀들이 밝혀지게 될 것입니다.

9강

투탕카멘과
파라오의 저주

Orientation

투탕카멘이라는 이름, 한번쯤은 들어보셨죠? 고대 이집트의 수많은 파라오 중에서도 가장 널리 알려진 이름이 바로 투탕카멘입니다. 그런데 생각해 보면, 투탕카멘은 특별한 정복왕도 아니었고, 눈부신 업적을 남긴 성군도 아니었습니다. 스무 살도 채 되기 전에 세상을 떠난 비운의 젊은 파라오였죠. 그럼에도 불구하고 현대인들이 고대 이집트라고 했을 때 가장 먼저 떠올리는 이름이 투탕카멘인 것은, 그의 무덤 때문입니다.

1922년 11월 4일, 영국의 고고학자 하워드 카터Howard Carter는 왕들의 계곡을 발굴하던 중 지하로 내려가는 계단의 첫 번째 단을 발견합니다. 그리고 일기에 이렇게 남겼죠.

투탕카멘

하워드 카터(1874~1939년)

　단 한 줄, 짧은 문장이었지만 그 글씨에는 흥분을 감출 수 없었던 감정이 고스란히 배어있었습니다. 평소 일기를 반듯한 줄에 맞춰 쓰던 그가, 이 문장만큼은 줄을 벗어나 비스듬히 휘갈겨 썼습니다. 그 순간, 그의 손끝에는 5년 넘게 쫓아온 미지의 왕의 흔적이 드디어 현실로 나타났다는 전율이 흐르고 있었겠죠.

　사실 그전까지 투탕카멘은 거의 잊힌 존재였습니다. 그의 이름은 일부 파피루스 문서나 파편 속에서 가끔 등장할 뿐, 그가 어떤 파라오였는지는 거의 알려져 있지 않았습니다. 카터는 5년 넘게 왕들의 계곡을 발굴하면서도 투탕카멘의 흔적을 제대로 찾지 못했죠. 결국, 그를 후원하던 영국 귀족 카나본 Carnarvon 백작이 "이제는 더 이상 지원을 이어가기 어렵겠군요"라며 손을 떼려 했지만, 카터는 포기하지 않고 백작을 찾아가 마지막으로 설득합니다. "부디 이번 시즌만 더 기회를 주십시오." 백작은 잠시 생각하더니 이렇게 말합니다.

　"좋아요. 하지만 이번 시즌이 마지막입니다."

　그 마지막 시즌, 마지막 발굴에서 운명처럼 그 계단이 드러난 것이죠. 그 아래에는 약 3300년 동안 봉인되어 있던 파라오의 무덤, 가장 완벽하게 보존된 고대 왕의 세계가 잠들어 있었습니다. 황금 가면과 장신구, 전차, 의자, 상자, 향유 단지까지— 모든 것이 그대로였습

왕들의 계곡 전경(룩소르)

조지 허버트, 5대 카나본 백작(1866~1923년)

니다. 마치 투탕카멘이 "조금 뒤에 돌아오겠다"라며 잠시 자리를 비운 것처럼 말이죠. 하지만 세상이 주목한 것은 그 화려한 부장품만이 아니었습니다. 무덤이 열리고 얼마 지나지 않아 카터의 후원자 카나본 백작이 급사하면서, 세상은 또 다른 이야기에 휩싸이게 됩니다.

'파라오의 잠을 깨운 자는 죽는다.'

그렇게, '파라오의 저주'라는 전설이 시작된 것이죠. 이 이야기는 이후 수많은 영화와 소설, 그리고 다큐멘터리로 만들어지면서 지금까지도 사람들의 상상력을 자극하고 있습니다.

과연 그 저주는 진짜였을까요? 아니면 단지, 서구 사회가 만들어낸 고대에 대한 환상이었을까요?

이번 시간에는, 젊은 파라오 투탕카멘, 그리고 그의 무덤을 둘러싼 신비와 진실, '파라오의 저주'의 이야기를 함께 살펴보려 합니다.

투탕카멘의 시대

　투탕카멘은 이집트 신왕국 18왕조 시대의 파라오입니다. 아래의 연표를 보시면, 이집트 역사 전체에서 대략 중간쯤에 해당하는 시기죠.

　투탕카멘의 시대를 이해하려면, 먼저 그 직전의 격동기를 살펴봐야 합니다. 기원전 14세기, 이집트는 아주 독특한 시기를 겪고 있었습니다. 바로 '아마르나 시대'라고 불리는 시기죠.

　이 아마르나 시대의 중심에는 아케나텐이라는 파라오가 있었습니다. 그는 아멘호테프 3세(재위 기원전 1390~1352년)의 아들이었고, 투탕카멘에게는 아버지이기도 했습니다. 아멘호테프 3세 시기, 이집트는 역사상 최고의 전성기라고 해도 크게 무리가 없을 정도로 굉장한 번영을 누렸습니다. 군사적으로 특별한 행동을 취하지 않아도 근동 지역 전체에서 패권을 유지할 수 있을 정도였죠. 아케나텐은 그런 상황 속에서 왕위에 올랐습니다. 그런데 이유는 분명치 않지만, 아케나텐은 수천 년 동안 이어져 내려온 고대 이집트의 다신교 전통을 버리

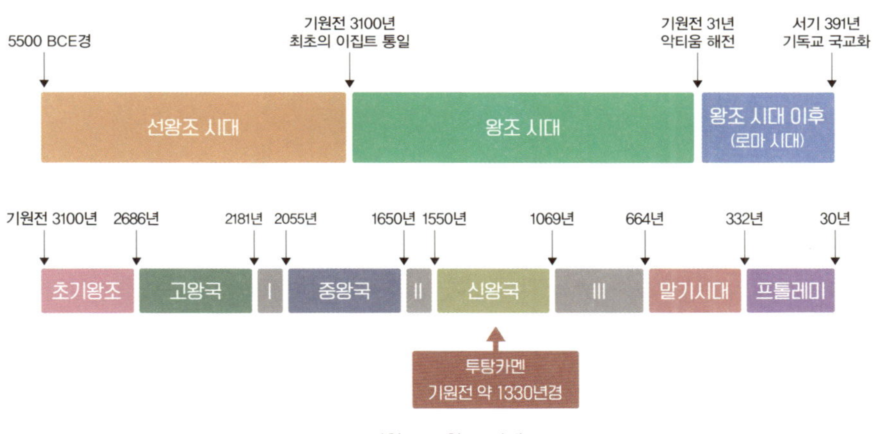

신왕국 18왕조 시대

아멘호테프 3세(뉴욕 메트로폴리탄 미술관)

고 혁명적인 개혁을 단행합니다. 바로 유일신교로의 전환이었습니다.

아멘호테프 3세의 치세 동안에는 파라오뿐만이 아니라 아멘 신을 섬기는 신관 집단의 경제력과 사회적 영향력도 증대되었던 것으로 여겨집니다. 그래서 결국에는 파라오의 권위를 위협할 정도에 이르게 되었던 것이죠. 아케나텐 입장에서는 이런 상황이 불편했고, 아멘 신관들을 견제할 필요가 있었습니다. 아멘 신앙을 억제하는 방향으로의 개혁은, 종교개혁인 것뿐만이 아니라 이런 배경을 염두에 두고 이루어진 정치적 개혁이었을 가능성도 있습니다.

아케나텐에 의해서 새롭게 최고 신으로 제안된 아텐은 사실 오랫동안 주변부에 머물던 신이었습니다. 아텐은 태양의 여러 속성들 가운데 동그란 태양의 모습을 신격화한 신이었습니다. 아래의 부조에서 나타나는 원반이 바로 아텐 신입니다. 아케나텐은 아텐을 유일신으로 세우며 자신의 이름까지 바꿉니다. 원래 이름은 '아멘 신께서 만족

아텐 신에게 재물을 바치는 아케나텐(카이로 이집트 박물관)

하신다'라는 뜻의 아멘호테프였는데, 이것을 '아텐 신에게 이로운 자'라는 뜻의 아케나텐으로 바꾼 것이죠. 당연히 아멘 신관 집단은 이 종교개혁에 강하게 반발했습니다. 이 개혁은 종교적 변화뿐만이 아니라 정치·사회 전반에 걸친 혼란을 불러왔습니다. 수천 년간 이어져 온 이집트의 질서가 흔들린 것이죠. 고대 이집트인들은 우주의 질서, 즉 마아트를 유지하는 것을 무엇보다 중요시했기에 급격한 변화는 받아들이기 힘들었을 것입니다.

아케나텐은 수도까지 옮깁니다. 중부 이집트에 새 도시를 세우고, 그곳을 아케트-아텐, '아텐의 지평선'이라 이름 붙였죠. 오늘날의 텔 엘-아마르나Tell el-Amarna 지역입니다. 그래서 아케나텐의 시대와 그 직후를 '아마르나 시대', 또 그 시기의 독특한 예술을 '아마르나 예술'이라고 합니다.

그러나 아케나텐은 왕위에 오른 지 16년 만에 세상을 떠났습니다.

아케트-아텐으로 수도가 옮겨진 아마르나 시대

아마르나 시대의 독특한 양식을 엿볼 수 있는 사례들.
(위부터) 다양한 식물과 과일(베를린 신박물관), 투탕카멘과 앙케센아멘(베를린 신박물관)

혁명적인 개혁을 완성하기엔 시간이 너무 부족했죠. 이후 스멘크카라Smenkhkara, 네페르네페루아텐Neferneferuaten 등의 파라오들이 왕위를 잇지만, 이들의 행적은 거의 알려져 있지 않습니다.

아케나텐 사후의 기록이 불분명한 이유는, 후대의 파라오들이 아마르나 시대의 흔적을 의도적으로 파괴했기 때문입니다. 정치적으로도 아텐 신앙을 따르려는 세력과 아멘 신앙을 회복하려는 세력이 갈등하며 혼란이 극에 달했을 것입니다.

이런 혼란 속에서, 아직 열 살도 되지 않은 소년 투탕카멘이 왕위에 오릅니다. 나이도 어리고 정치적 상황이 매우 복잡했기 때문에, 그는 기득권층에 의해 조종당하는 꼭두각시 파라오였을 가능성이 큽니다.

전통으로의 회귀는 매우 빠른 속도로 이루어졌습니다. 수도는 다시 테베로 돌아왔고, 닫혀있던 아멘 신전들도 문을 열었습니다. 이 과정에서 투탕카멘의 이름도 바뀌게 되죠. 투탕카멘의 원래 이름은 '투트-앙크-아텐Tut-Ankh-Aten(아텐 신의 살아있는 형상)'이었습니다. 하지만 아텐 신앙이 버려지고 아멘 신앙이 복원됨에 따라, 이름 속의 아텐을 지우고 아멘을 넣어 '투트-앙크-아멘Tut-Ankh-Amen', 즉 '아멘 신의 살아있는 형상'이라는 뜻으로 바꾸었던 것이죠.

하지만 투탕카멘은 특별한 업적을 남기지 못한 채, 10대 후반의 젊은 나이에 세상을 떠납니다. 왕비 앙케센아멘Ankhesenamen과의 사이에서 두 차례 아이가 태어났지만 모두 사산되어 후손도 없었죠. 결국 왕위는 궁정의 최고 실력자였던 아이Ay(재위 기원전 1327~1323년)에게 넘어갑니다. 하지만 아이 역시 이미 70세가 넘은 노인이었기에 왕위에 오래 머물지 못하고 곧 세상을 떠났습니다.

투탕카멘과 앙케센아멘(대이집트 박물관)

나무로 만들어진 투탕카멘의 두상
(카이로 이집트 박물관)

아이(제네바 미술사박물관)

왕위는 군인 출신이자 당시 궁정의 최고 실력자였던 호렘헤브
Horemheb(재위 기원전 1323~1295년)에게 이어집니다. 그는 즉위하자마
자 과거를 정리하기 시작했고, 그 과정에서 아케나텐-투탕카멘-아이
로 이어지는 3대의 흔적은 역사에서 철저히 지워졌습니다. 아마르나
시대 자체가 역사 속에서 완전히 삭제된 것이죠. 이 기록 말살 정책은
19왕조에서도 계속 이어졌습니다.

호렘헤브는 중년의 나이에 파라오가 되어 30년 가까이 왕위에 있을
수 있었지만, 그에게도 역시나 후사가 없었습니다. 왕권의 불안이 생
길 수 있는 상황이었죠. 그는 결국 이미 장성한 아들과 건강한 손자를
갖고 있던, 한 인물에게 왕위를 계승하게 됩니다.

그는 과거에는 호렘헤브의 동료였었고, 호렘헤브가 왕위에 오른 뒤
에는 부하로서 능력을 발휘했었던 람세스였습니다. 바로 훗날 '람세
스 대왕'이라고도 불리게 되는 람세스 2세의 할아버지인 '람세스 1세
(재위 기원전 1295~1294년)'였습니다. 람세스 2세는 태어났을 당시에는
왕족이 아니었지만, 갑자기 할아버지가 예기치 않게 파라오가 됨으로
써 왕족이 되었던 것입니다.

역사에 가정은 없지만, 이런 상상을 해보는 것은 꽤 재미있을 것 같
습니다.

'만약 투탕카멘이 조금 더 오래 살았다면, 그리고 자식까지 두었다면?'

그랬다면 이집트의 역사는 완전히 달라졌을 것입니다. 이를테면,
람세스 2세가 파라오가 되는 일은 일어나지 않았겠죠.

아멘 신에게 제물 드리는 호렘헤브(카르나크 신전)

전차를 타고 적을 공격하는 람세스 2세(아부심벨 대신전)

투탕카멘 죽음의 미스터리

그렇다면 투탕카멘은 왜 그렇게 일찍 세상을 떠났을까요? 그는 10대 후반의 나이에 사망했습니다. 고대 이집트인의 평균수명이 지금보다 훨씬 짧았다는 점을 감안하더라도 그의 죽음은 너무 이른 것이었죠.

학자들은 그의 죽음을 둘러싼 여러 가설들을 내놓았습니다. 그 가운데 가장 널리 알려진 것이 암살설입니다. 이 주장은 당시 정치적 상황이 상당히 혼란스러웠다는 점을 근거로 합니다. 실제로 그 시기의 혼란을 짐작하게 해주는 기록이 하나 있는데, 흥미롭게도 이집트 쪽 기록이 아니라 히타이트의 기록이죠.

히타이트 왕 수필리울리우마Suppiluliuma 1세의 연대기에 따르면, 어느 날 이집트의 한 왕비가 히타이트 왕에게 편지를 보냅니다. 편지의 내용은 이렇습니다.

"내 남편이 죽었습니다. 저는 아들이 없습니다. 그러니 당신의 아들 가운데 한 명을 보내주십시오. 제가 그와 결혼해서 이집트의 왕으로 삼겠습니다. 저는 제 신하와 결혼하고 싶지 않습니다."

이 편지를 받은 히타이트 왕은 아들 잔난자Zannanza 왕자를 이집트로 보내지만, 국경을 넘는 도중에 살해를 당하죠. 이 기록 속 여왕이 정확히 누구인지는 언급되지 않았습니다. 하지만 투탕카멘이 죽은 뒤 왕비 앙케센아멘이 총리였던 아이와 혼인하는 것을 절망적으로 받아들여, 히타이트 왕에게 도움을 청했을 가능성을 생각해 볼 수 있습니다.

암살설의 또 다른 근거로, 투탕카멘의 두개골에서 발견된 깨진 뼛조각이 있습니다. 하지만 최근의 정밀 조사에서는, 이 뼈 손상이 생전의 것이 아니라 미라 제작 과정에서 생긴 것이라는 새로운 결론이 나왔습니다.

투탕카멘은 애초에 건강상태가 좋지 않았던 것으로 보입니다. 척추가 휘어있었고, 다리에도 장애가 있어서 지팡이를 써야만 했습니다. 실제로 그의 무덤에서는 수십 개의 지팡이가 함께 출토되었습니다. 또한 선천적으로 입술이 갈라지는 구순구개열 장애가 있었던 것으로 추정됩니다.

또한 투탕카멘의 시신을 분석해 보니 두개골의 큰 골절과 심한 흉부 손상도 확인됐습니다. 이를 근거로 일부 법의학자들은 전차 사고 가능성을 제기합니다. 전차에서 떨어져 바퀴에 치이는 사고를 당했을 수 있다는 것이죠. 게다가 그의 시신에서는 말라리아 감염 흔적도 발견되었습니다. 당시 나일강 유역에서는 말라리아가 흔했으니 가능성이 충분합니다. 이런 점들을 염두에 둔다면 투탕카멘은 원래부터 건

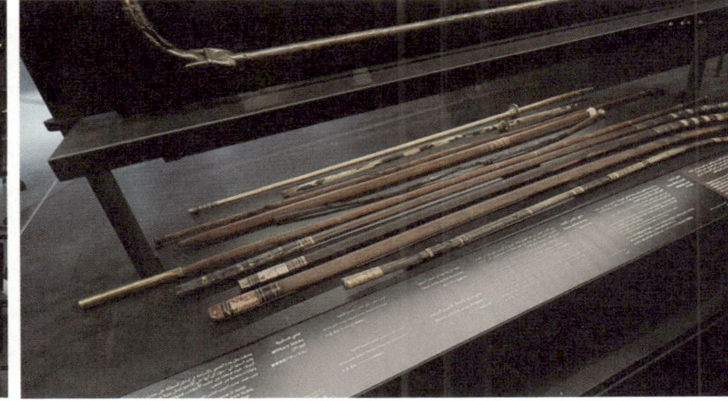

투탕카멘의 지팡이(대이집트 박물관)

강하지 않았고, 전차 사고로 치명적 손상을 입은 뒤 말라리아까지 겹치면서 사망했을 가능성이 큽니다. 물론 확실한 결론은 아직 없습니다만, 이런 과학적 분석이 있기에 학자들이 투탕카멘의 삶과 죽음을 조금 더 명확히 이해할 수 있게 되었습니다.

실제로 DNA 분석 덕분에 실제로 투탕카멘의 가족관계가 보다 명확하게 밝혀졌습니다. 투탕카멘은 이 조사를 통해서 아케나텐의 아들, 아멘호테프 3세의 손자라는 사실이 확인되었죠. 더욱이 그동안은 불분명했던 투탕카멘의 어머니가 누구인지도 파악할 수 있게 되었습니다. 투탕카멘의 어머니는 KV35에서 발견된 한 여성 미라의 주인이었습니다. 하지만 이 여성의 이름은 아직 밝혀지지 않았죠.

그런데 이 조사를 통해서 충격적인 사실이 하나 더 밝혀졌습니다. 투탕카멘의 어머니는 그의 아버지인 아케나텐의 친누이, 그러니까 아버지와 어머니가 같은 남매 관계였던 것이 드러났죠. 투탕카멘은 친남매 사이에서 태어난 자식이었던 것입니다.

근친혼은 이집트의 왕실에서 드물지 않게 있었습니다. 왕실의 신성한 혈통이 근친혼을 통해서 유지될 수 있다고 믿어졌기 때문이죠. 그렇지만 이 경우에도 보통은 사촌이나 아버지는 같지만 어머니는 다른, 이복남매들 사이에서 혼인이 이루어졌습니다. 아버지와 어머니가 같은, 친남매들 사이의 혼인은 그 사례가 거의 없습니다.

근친혼이 반복되면 유전적 결함이 계속해서 쌓이게 됩니다. 투탕카멘은 근친혼이 빈번하게 일어나던 18왕조의 일원이고, 더욱이 부모님이 친남매였던 만큼, 태어날 때부터 유전적 질환을 안고 태어났을 가능성이 높습니다.

파라오의 저주?

'파라오의 저주'는 고대 이집트의 왕, 특히 무덤 속에 잠든 파라오를 방해하거나 도굴한 사람들에게 불행이나 죽음이 닥친다는 믿음, 혹은 전설, 도시 괴담과 같은 이야기입니다. 이런 괴담은 19세기에서 20세기 초반, 유럽에서 오컬트적 상상이 덧붙여지면서 만들어진 것으로 여겨집니다. 물론 고대 이집트인들이 무덤을 신성하게 여긴 것은 사실이고, 무덤 안에 침입자를 경고하는 저주문이나 부적을 남기기도 했습니다만, 이는 어디까지나 도굴을 막기 위한 실용적인 장치였지 초자연적인 저주라고 보기에는 무리가 있습니다. 게다가 투탕카멘 무덤에는 그런 저주의 문구조차 쓰여있지 않았습니다.

파라오의 저주라는 개념이 세상에 널리 퍼지게 된 계기는 1922년에 있었던 투탕카멘의 무덤 발굴이었습니다. 이 무덤은 거의 훼손되지 않은 채 발견되었고, 그렇다 보니 전 세계의 관심이 쏠릴 수밖에 없었습니다. 그런데 발굴이 이루어진 직후에 발굴에 관여했던 인물들 가운데 일부가 죽거나 사고를 당하는 일이 일어났습니다. 이 사실이 언론을 통해 크게 보도되었는데, 이 보도와 함께 저주설이 널리 퍼져 나가게 되었던 것입니다.

대표적인 사례가 하워드 카터의 후원자였던 카나본 백작입니다. 발굴이 시작된 지 몇 달 만에 그가 패혈증으로 사망했는데, 무덤과 직접적으로 연관된 인물이 세상을 떠나자 사람들은 '저주가 시작됐다'라고 믿게 된 것이죠. 또 카터의 동료인 아서 메이스Arthur Mace, 친구였던 조지 제이 굴드George Jay Gould도 사망했는데, 이런 사례가 대략 20여

투탕카멘의 무덤 발굴 현장

건에 달합니다. 하지만 당시 영국 남성의 평균수명은 58세였습니다. 방금 언급한 이들도 대부분 50대 후반에 세상을 떠난 것이고, 특별히 요절했다고 보기는 어렵습니다. 게다가 발굴과 관련된 사람이 2,000명이 넘었는데, 그중 20여 명이 몇 년에 걸쳐 세상을 떠난 것이니, 굳이 저주라는 초자연적 설명이 없어도 충분히 있을 수 있는 일이죠.

무덤 발굴과 가장 밀접한 관계가 있었던 하워드 카터는 64세까지

아서 메이스(1874~1928년)

(맨 왼쪽) 조지 제이 굴드(1864~1923년)

살았습니다. 당시로서는 천수를 누렸다고 할 수 있는 나이였습니다. 또 카나본 백작의 딸, 레이디 이블린Evelyn은 아버지를 대신해 무덤에도 여러 차례 들어갔던 인물이지만, 80세까지 장수했죠. 심지어 처음 무덤 입구 계단을 발견했던 동네 소년 후세인 압델 라술Hussein Abdel Rasoul 역시 80세 넘도록 살았습니다. 만약 파라오의 저주가 실재했다면, 발굴과 가장 가까웠던 이들이 먼저 요절했어야 하지 않을까요?

일부 학자들은 오래된 무덤 속 곰팡이나 박테리아가 사람들의 건강을 해쳤을 가능성을 이야기합니다. 실제로 고대의 밀폐된 공간을 열 때에는 이런 위험에 충분히 대비해야 합니다. 하지만 투탕카멘 무덤 발굴과 관련해 대규모 감염 사례가 확인된 바는 없습니다.

이런 점들을 놓고 봤을 때 투탕카멘의 저주는 언론의 과장과 대중의 상상이 합쳐져서 확산된 이야기라고 볼 수 있습니다. 역사적 사실보다는 근대적 상상력과 자극적인 보도가 만들어 낸 신화에 가까운 것이죠. 하지만 동시에, 이 괴담은 고대 이집트 문명의 신비로움과 경외심을 상징하는 하나의 문화현상으로 자리 잡았고, 여전히 다양한 매체에서 회자되고 있습니다.

마지막으로 제가 비밀을 하나 알려드리겠습니다. 투탕카멘 무덤에 들어갔다 오면 정말로 반드시 죽습니다. 저 역시 수십 번을 다녀왔으니 언젠가는 죽을 수밖에 없겠죠. 인간이라면 누구나 결국에는 삶을 마무리하게 되니까요.

영원한 투탕카멘

투탕카멘은 길게 통치하지도 않았고, 큰 업적이나 정복의 성과를 거둔 것도 없었습니다. 하지만 그의 무덤 발굴은 단순히 이집트학의 역사에서뿐 아니라 고고학 전체 역사에서도 가장 중요한 성과 중 하나로 꼽힙니다.

세간의 인식과는 달리, 투탕카멘 무덤이 도굴되지 않은 상태로 발견된 유일한 왕묘는 아닙니다. 1939년 프랑스의 고고학자 피에르 몽퇴Pierre Montet가 나일강 삼각주 지역 타니스Tanis에서 21왕조의 프수센네스Psusennes 1세(재위 기원전 1039~991년)의 무덤을 도굴되지 않은 상태로 발굴했죠. 하지만 무덤의 보존 상태는 좋지 않았습니다.

프수센네스 1세의 황금 마스크(카이로 이집트 박물관)

타니스 유적 전경

타니스 지역은 삼각주라서 습기가 많습니다. 그 탓에 유기물로 만든 유물들은 발굴 당시 이미 다 썩어 사라져 있었고, 파라오의 미라도 대부분 부패해 일부 뼈만 남아있었습니다. 게다가 21왕조 시대는 신왕국 18왕조, 즉 투탕카멘 시대보다 파라오의 권력이 훨씬 약해진 시기였죠. 따라서 무덤 속 부장품의 양과 화려함은 투탕카멘 무덤과는 비교할 수 없었습니다.

이 무덤 발굴이 널리 알려지지 않은 데에는 또 하나의 이유가 있었습니다. 타니스 무덤이 발굴된 1939년은 바로 제2차 세계대전이 발발한 해였습니다. 세계가 전쟁에 휘말리다 보니, 발굴 소식이 널리 알려질 여유가 없었던 것이죠. 그래서 우리는 투탕카멘의 무덤은 기억하지만, 타니스의 무덤은 잊고 있는 것입니다.

투탕카멘 무덤에서 출토된 황금 마스크, 황금관, 화려한 장신구들은 보는 것만으로도 고대 이집트 문명에 대한 경외심을 불러일으킵니다. 뿐만 아니라 학술적으로도 큰 의미가 있습니다. 이전까지는 그림이나 문헌을 통해 간접적으로만 파악했던 파라오들의 부와 권위를 실제 유물을 통해 구체적으로 확인할 수 있기 때문입니다. 또한 이 발굴은 후대 파라오들에 의해 의도적으로 흔적이 지워진 아마르나 시대를 다시 파악하는 데에도 결정적인 단서를 제공했습니다.

무엇보다 투탕카멘 무덤 발굴은 대중의 관심을 폭발적으로 키워냈습니다. 20세기 초반은 매스미디어가 급속히 발전하던 시기였고, 발굴 현장에서는 사진 촬영이 막 활용되기 시작했습니다. 그런 상황을 바탕으로 무덤 발굴 소식은 사진과 함께 전 세계로 퍼져 나가면서, 서구 시민사회는 이 발굴을 생생하게 접할 수 있었습니다. 그 뜨거운 관

심은 결국 이집트학이 독립된 학문 분과로 자리 잡는 사회적 기반이
되었죠.

투탕카멘은 생전에 큰 업적을 남기지 못했지만, 그의 무덤이 온전
한 상태로 발굴된 덕분에 역사 속에서 영원한 존재가 되었습니다. 짧
은 생애는 허무하게 끝났지만, 그의 무덤이 밝혀낸 수천 년 전 이집트
의 모습은 지금도 우리를 매혹시키고 있습니다.

투탕카멘의 무덤에서 출토된 부장품들(대이집트 박물관). (왼쪽 위부터 시계 방향으로) 내장을 담는 카노푸스 용기, 타조 깃털을 꽂아서 만든 부채틀, 가슴 장식, 어린 파라오 모습의 펜던트가 달린 목걸이

투탕카멘 무덤 발굴 소식이 실린 신문기사

10강

고대 이집트를 향한 열정

Orientation

그동안 우리는 여러 시간에 걸쳐 고대 이집트 문명의 다양한 모습들을 살펴봤습니다.

피라미드, 파라오, 미라, 신전과 벽화까지— 정말 매력적인 이야기들이었죠. 그런데 문득 이런 생각 들지 않으셨나요?

'우리가 이렇게 이집트 문명을 자세히 알게 된 것은 도대체 어떻게 가능했을까?'

이집트학Egyptology은 말 그대로 고대 이집트라는 시공간을 체계적으로 연구하는 학문입니다. 단순히 고고학만 다루는 게 아니라 문헌학, 미술사, 생물학, 인류학까지— 정말 다양한 분야가 협력해서 이루어지는 학문이죠. 최근에는 DNA 분석, CT 촬영, 인공지능 이미지 복원과 같은 첨단 과학기술도 이집트 연구에 적극적으로 활용되고 있습니다. 현대의 이집트학은 '학문들의 융합체'라고도 할 수 있을 것 같습니다.

이집트학이라는 학문이 한국에서는 다소 낯설게 느껴질 수도 있습니다. 하지만 이 학문은 실제로 대학에 정식 학과로 존재하는 학문이죠. 서구권에는 이 학문의 역사가 200년이 넘었습니다. 여전히 세계 각국의 연구자들이 치열하게 발굴하고, 해독하고, 분석하면서 고대 이집트의 비밀을 밝혀내기 위해서 노력하고 있습니다.

　이집트학은 단순히 고대의 유적과 유물만을 연구하는 학문이 아니라, 잃어버린 시간을 복원하고, 사라진 문명을 다시 숨 쉬게 하는 일이라 할 수 있습니다. 지금도 새로운 연구 성과가 있을 때마다 우리는 수천 년 전의 사람들과 조금 더 가까워지고 있죠.

　이번 강의에서는 그 '이집트학'의 탄생과 발전, 그리고 고대문명을 되살린 사람들의 이야기를 함께 살펴 보려고 합니다.

오래된 관심

    고대 이집트에 대한 관심은 요즘 사람들이 갑자기 갖게 된 것은 아닙니다. 이미 수천 년 전의 고대 이집트인들도 자신들의 과거에 대해 깊은 관심을 가졌습니다. 이집트 문명은 워낙 오랜 세월 동안 이어졌던 만큼, 신왕국 시대의 사람들에게도 피라미드가 세워졌던 고왕국 시대가 이미 천 년도 더 지난 오래전 과거였었죠. 이를테면, 신왕국 시대 사람들이 피라미드를 바라보는 감정은, 오늘날 우리가 경주의 석굴암을 보며 느끼는 감정과 비슷했을 것입니다. '저것은 아주 오래전 사람들이 남겨 놓은 유산', 이렇게 생각하면서 말 그대로 경외감을 느꼈을 것입니다. 투트모스 4세의 이야기는 이것이 실제로 벌어졌었던 일이라는 사실을 보여줍니다.

    투트모스 4세는 기원전 1400년 무렵의, 신왕국 18왕조 시대의 파라오입니다. 그가 왕이 되기 전, 아직 왕자였을 때의 일입니다. 어느 날 낮잠을 자던 투트모스가 꿈을 꾸었는데, 그 꿈속에 기자의 대스핑크스가 나타났죠. 그리고 스핑크스는 그에게 이렇게 말했습니다.

"내 몸이 모래와 바람에 파묻혀 있다. 네가 나를 꺼내준다면, 내가 너를 이집트의 왕으로 만들어 주겠다."

    투트모스는 이 말을 신의 계시로 받아들입니다. 기자의 대스핑스크는 그때에도 이미 만들어진 지 1000년도 넘은 고대의 유적이었죠. 그는 즉시 기자로 가서, 모래에 반쯤 묻혀있던 스핑크스를 파내고 복원했습니다. 그 후 그는 정말로 이집트의 파라오가 되었죠. 파라오가 된

기자의 대스핑크스

투트모스 4세
(베를린 신박물관)

투트모스 4세는 이 일을 기념하기 위해 스핑크스의 두 앞발 사이에 비석을 세웠는데, 그것이 바로 지금도 남아있는 '투트모스 4세의 꿈 비석'입니다. 비석은 고대 이집트인들이 과거에 대해서 어떻게 인식했는지를 알려주는 중요한 사례입니다. 더불어 대스핑크스가 어떤 의미를 지니고 있었는지를 파악하게 해주는 중요한 사료이기도 하고요. 비석의 내용에 따르면, 투트모스 4세의 꿈속에 등장한 스핑크스는 스스로를 소개하는데, 그는 자신에 대해서 이렇게 설명합니다.

'나는 호르-엠-아케트, 케프리, 라, 아툼이다.'

이 이름들은 모두 태양신을 가리킵니다. 즉, 적어도 신왕국 시대 이집트인들에게 대스핑크스는 태양신과 관계가 있는 존재였다는 사실을 알 수 있습니다. 실제로 대스핑크스는 정동正東, 즉 태양이 떠오르는 방향을 바라보고 있기도 합니다. 물론 고왕국 시대의 사람들이 어떤 의지를 갖고 스핑크스를 만들었는지를 추정하는 것은 여전히 매우 어려운 일입니다. 그들이 대스핑크스에 관한 어떠한 기록도 남기지 않았기 때문이죠. 하지만 그 고대의 유산을 적어도 신왕국 시대의 사람들은 태양신과 관계있는 기념물로 해석했던 것이 거의 분명해 보입니다.

비슷한 시기의 또 다른 흥미로운 인물도 있습니다. 바로 '카엠와세트Khaemwaset'입니다. 그는 우리가 잘 아는 람세스 2세의 넷째 아들이죠. 카엠와세트는 지금으로 치면 이집트 최초의 복원 전문가, 혹은 고고학자라고 부를 만한 인물이었습니다. 신왕국 시대쯤에는 이미 고왕

카엠와세트
(암스테르담 네덜란드
국립고고학박물관)

투트모스 4세 꿈의 비석

카엠와세트
(암스테르담 네덜란드
국립고고학박물관)

국 시대의 피라미드들이 풍화와 침식으로 심하게 훼손되어 있었습니다. 이미 지어진 지 천 년이 넘게 흘렀으니 당연한 일이었죠. 어떤 피라미드는 이게 누구의 무덤이었는지조차 잊혀진 경우도 많았습니다. 이에 대해서 카엠와세트는 문제의식을 느꼈던 것 같습니다.

'이름이 지워지면, 존재도 사라지는 것 아닌가?'

그래서 피라미드를 직접 조사하고, 그 주인이 누구였는지를 밝히는 작업을 시작합니다.

그가 남긴 가장 유명한 업적은 우나스Unas(재위 기원전 2375~2345년)피라미드 복원입니다. 우나스는 5왕조의 마지막 파라오인데, 그의 피라미드는 당시 보존 상태가 좋지 않았던 것으로 보입니다. 카엠와세트는 이 무덤을 복원하면서 그 위에 이런 비문을 새깁니다.

'나는 우나스의 피라미드를 발견했으나, 그 이름은 지워지고 돌은 무너져 있었다. 나는 람세스와 프타 신의 사랑을 받는 자로서, 그것을 다시 세웠노라. 우나스의 이름이 영원히 지속되도록, 신들이 그를 기억할 수 있도록.'

지금도 우나스의 피라미드를 직접 가서 보시면 그 복원의 흔적을 눈으로 확인하실 수 있습니다. 피라미드의 바깥쪽과 안쪽의 돌의 색깔과 질감이 확연히 다른데, 안쪽에 약간 짙고 거친 회색빛을 띠고 있는 돌은 피라미드가 실제로 세워지던 고왕국 5왕조 시대, 즉 기원전 약 2300년경에 사용된 석재입니다. 반면 그 바깥쪽으로 덧대어진 돌들은 색이 훨씬 밝고 표면이 매끈한데, 이것은 카엠와세트 시대, 다시

우나스 피라미드(사카라)

말해서 기원전 1250년경 피라미드가 복원되었을 때 새로 덧씌워진 석재들이죠. 이런 모습은 피라미드의 남면에서 가장 분명하게 확인됩니다. 현대의 이집트학자들은 이렇게 고대의 유적에 대한 관심이 깊었던 카엠와세트를 종종 '최초의 이집트학자'라고 부르기도 합니다.

19왕조의 파라오 세티 Seti 1세(재위 기원전 1294~1279년)에 의해서 만들어진 '아비도스 왕명표'도 고대 이집트인들의 과거에 대한 관심을 보여주는 중요한 사례입니다. 룩소르에서 북쪽으로 약 170킬로미터 정도 떨어진 아비도스에 가면 세티 1세에 의해서 지어진 신전이 있습니다. 이 신전의 한쪽 벽에는 총 76명의 파라오 이름이 시대순으로 새겨져 있는데, 이것을 '아비도스 왕명표'라고 부릅니다. 이 왕명표는 최초의 파라오들부터 세티 1세까지— 세티 1세 본인이 인정한 왕들의 명단입니다. 이 명단은 단순한 기록이었던 것만이 아니라 파라오 자신의 왕권을 과거와 연결시켜 정통성을 강화하기 위한 일종의 상징적인 선언이기도 했습니다. '나는 위대한 선조들의 후손이다.' 이러한 주장을 눈에 보이는 방식으로 표현한 것이죠. 더불어 이 왕명표는 오늘날에도 이집트 연대 복원에 매우 중요한 자료로 쓰이고 있습니다.

물론 이 아비도스 왕명표에 모든 파라오의 이름이 다 들어가 있는 것은 아닙니다. 빠진 이름들도 꽤 있죠. 이를테면, 우리가 지난 시간에 살펴봤던 아마르나 시대의 파라오들, 그러니까 아케나텐, 투탕카멘, 그리고 아이와 같은 인물들은 이 왕명표에서 의도적으로 생략되어 있습니다. 그들은 아텐 신을 중심으로 종교개혁을 시도했고, 그 시도는 후대에 이단적인 행위로 평가받았기 때문이죠. 세티 1세는 자신이 인정하는 '정통 왕조'의 계보만 남긴 것입니다. 이 왕명표는 고대

아비도스 왕명표(아비도스 세티 1세 신전)

(위부터) 아비도스의 세티 1세 신전과 왕명표

이집트의 파라오들이 자신들의 왕권과 전통을 어떻게 이해했는지, 그리고 과거를 어떻게 해석하고, 또 어떻게 계승하려 했는지를 보여주는 아주 상징적인 기념물이라고 할 수 있습니다.

이렇듯 고대 이집트의 파라오들은 항상 자신을 과거와 연결시키려는 노력을 했습니다. 그들에게 과거는 단순히 끝난 시간이 아니라, 지금도 살아있는 전통이었죠. 그래서 투트모스 4세가 스핑크스를 발굴했고, 카엠와세트가 피라미드를 복원했고, 세티 1세가 선조들의 이름을 새겼던 것이죠. 그리고 그 전통은 고대 그리스의 역사가 헤로도토스의 노력으로 이어집니다. 그는 기원전 5세기에 이집트를 직접 여행하면서 이집트의 문화, 장례의식, 미라 제작법 등을 『역사』라는 책에 기록했습니다. 그의 글은 여전히 지금도 귀중한 사료로 평가받습니다. 어떤 측면에서는 최초의 이집트학적 연구서라고도 할 수 있습니다.

중세 시대에는 성지 순례가 유럽 사회에서 크게 유행했습니다. 많은 사람들이 예루살렘으로 향했죠. 그런데 이 순례길 도중에, 일부 유럽 순례자들은 이집트로 잠시 우회 여행을 하기도 했습니다. 그들이 주로 들렀던 곳은 카이로와 그 인근 지역, 그리고 바로 그 근처의 피라미드 지대였습니다. 당시 사람들에게 카이로 지역은 기독교적으로 굉장히 특별한 의미를 가진 곳이기도 했습니다. 왜냐하면, 이곳이 바로 예수, 그의 어머니 성모마리아, 그리고 요셉이 피난했던 장소라고 믿어졌기 때문입니다. 그래서 그들은 피라미드를 볼 때도 자신들이 가진 기독교적인 세계관을 그대로 투영해서 해석했습니다. 이를테면,

아타나시우스 키르허(1601년 혹은 1602~1680년)

피라미드를 보고 '아, 이건 아마 성경에 나오는 요셉의 곡식 창고일 거야'라고 생각했죠. 물론 지금의 시각으로 보면 엉뚱하게 들리지만, 당시 사람들에게 피라미드는 신비롭고 낯선 고대의 유산이었고, 그것을 이해할 수 있는 유일한 틀은 자신들의 신앙 체계였던 것입니다.

이렇듯 유럽인들의 고대 이집트에 대한 호기심은 중세 시대 내내 사라지지 않았습니다. 순례자들의 기록과 여행은 이어졌고, 그 속에서 점점 탐험과 연구의 형태로 발전해 갔습니다.

그 과정에서 아주 중요한 인물이 한 명 등장합니다. 바로 17세기 예수회 사제, 아타나시우스 키르허Athanasius Kircher이죠. 그는 이집트에 남아있던 기독교 공동체의 언어, 콥트어에 주목했습니다. 그리고 그는 콥트어가 고대 이집트어의 후손일지도 모른다는, 당시로는 아주 진취적인 추정을 합니다. 결과적으로 그의 추정은 정확한 것이었습니다. 비록 그가 시도한 번역은 대부분 틀린 것으로 밝혀졌지만, 그의 발상은 본격적인 이집트학의 시작을 연 첫걸음으로 평가할 수 있습니다.

〈성 가족의 이집트 피신〉(1883), 에드윈 롱

〈이집트로 도피 중의 휴식〉(1880), 뤼크-올리비에 머슨

이집트의 탄생과 발전

이제부터는 현대적인 의미의 이집트학이 어떻게 시작됐는지를 한번 살펴보려고 합니다. 이 이야기를 하기 위해서 반드시 언급해야 하는 인물이 있습니다. 다소 의외일 수도 있지만, 여러분들도 다 잘 알고 계시는 이름입니다. 바로 나폴레옹 보나파르트Napoléon Bonaparte입니다.

1798년, 나폴레옹은 프랑스군을 이끌고 이집트로 원정을 떠납니다. 정치적으로 복잡했던 유럽 정세 속에서 벌어진 일이었죠. 그의 군대는 병사 약 4만 명, 그리고 선원 1만 명, 합쳐서 거의 5만 명에 이르는 대규모 원정대였습니다.

그런데 이 원정대가 특별했던 이유는 따로 있습니다. 바로 군인들 사이에 학자와 예술가, 과학자들이 함께 있었다는 점이죠. 무려 166명에 달하는 민간인 전문가들이 이 원정에 동행했습니다. 그 안에는 공학자, 천문학자, 건축가, 화학자, 지리학자, 박물학자, 화가까지 말 그대로 당대 최고의 지성들이 한데 모인 셈이었습니다.

나폴레옹은 단순히 정복자가 아니라, 인문학적인 감수성이 굉장히 뛰어난 인물이었습니다. 이집트로 떠나는 항해 중에 발표한 그의 포고문을 보면 그의 사유가 얼마나 깊었었는지를 파악할 수 있습니다. 그는 이집트로 향하는 배에서 이렇게 말했습니다.

"제군들이여, 우리는 이집트로 향하고 있다. 이 탐험은 문명과 세계무역 발전에 셈할 수 없을 만큼 거대한 영향을 미칠 것이다. 우리가 만날 사람들은 이슬람교도들이다. 그들의 신앙과 모스크를 우리가 수도원과 교회를 대하듯 같은 존중과 관용으로 대하라. 로마 군단은 모

보나파르트 나폴레옹
(1804~1815년)
(〈튀일리궁의 서재에 있는 황제
나폴레옹〉(1812), 자크 루이 다비드)

〈피라미드 전투〉(1798~1799), 프랑수아-루이-조제프와토

든 종교를 보호하고 존중했다."

원정군의 사령관이 이런 말을 했다는 것 자체가 인상적입니다. 그의 말 속에는 문화적 상대주의에 대한 인식과 종교적 관용의 정신이 담겨있기도 합니다. 결국 나폴레옹의 이런 태도 덕분에, 이 원정에 동행한 학자들은 이집트 현지에서 체계적이고 세밀한 조사를 진행할 수 있었습니다. 물론 결과적으로 나폴레옹의 군사 작전 자체는 실패로 끝났습니다. 1801년, 병력이 3분의 1로 줄어든 프랑스군은 이집트를 철수했죠. 하지만 학문적으로는 오히려 대단한 성공을 거두었습니다.

철수하는 군대와 함께 프랑스로 돌아간 학자들은 무려 10년이 넘는 시간 동안 조사 결과를 정리했고, 그 내용을 책으로 출간했습니다. 그 책이 바로 《Description de l'Égypte》, 즉 '이집트에 관한 기록', 일명 '이집트지'입니다. 이 책은 단순한 보고서가 아니라, 이집트 문명 전체를 다룬 거대한 백과사전이었죠. 그 속에는 놀라울 만큼 정교한 삽화와 방대한 연구 내용이 담겨있었습니다. 책이 출간되자 유럽은 말 그대로 이집트 열풍에 휩싸이게 되었죠. 지식인과 예술가, 건축가, 심지어 일반 시민들까지 많은 사람들이 이때부터 이집트 문명에 매료되기 시작했습니다.

이 열기는 훗날 이집트학이 하나의 독립된 학문으로 자리 잡는 데 든든한 토대가 됩니다. 더욱이 이 원정 중에 발견된 한 유물은 이집트학의 역사를 시작하는 발판이 되기도 하는데, 그 유물이 바로 '로제타 스톤'입니다.

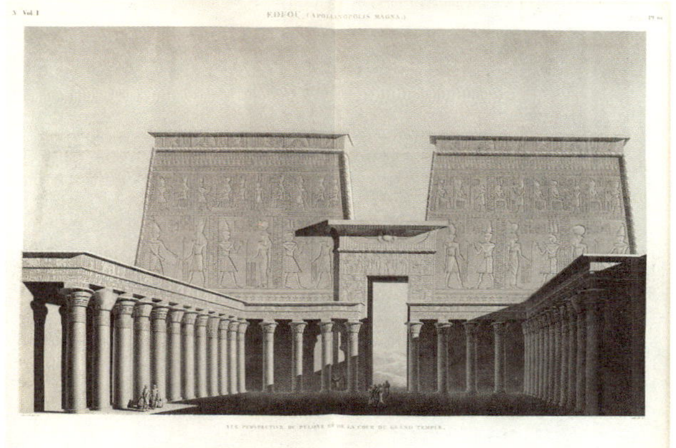

이집트지 표지와 내용들

로제타스톤 앞면(런던 영국 박물관)

    1799년, 프랑스군은 이집트 델타Delta 지역의 로제타에서 이 비석을 발견했습니다. 비록 얼마 지나지 않아 영국군에게 빼앗기긴 했지만, 이 유물은 이후 고대 이집트 문자의 해독에 결정적인 열쇠가 됩니다. 1822년, 프랑스의 젊은 천재 학자 장 프랑수아 샹폴리옹은 로제타 스톤을 통해 마침내 고대 이집트 상형문자 해독에 성공했습니다. 이 순간이 바로, 우리가 알고 있는 이집트학의 진정한 탄생 시점입니다.

    그러면 샹폴레옹이 로제타스톤을 가지고 어떤 방식으로 고대 이집트 문자, 고대 이집트어를 해독했는지도 간단하게 살펴보도록 하죠.

    로제타스톤에는 같은 내용의 글이 세 가지의 다른 문자로 새겨져 있었습니다. 맨 위에는 고대 이집트의 상형문자, 그 아래에는 고대 이집트의 민중 문자, 그리고 맨 아래에는 고대 그리스어가 쓰여있었죠.

장 프랑수아 샹폴리옹(1790~1832년)
(《샹폴리옹의 초상화》(1832), 레옹 코니에)

프톨레마이오스 5세
(은제 페니키아 테트라드라크마)

이것은 엄청난 단서였습니다. 고대 그리스어는 19세기 당시 유럽의 지식인이라면 거의 대부분 다 읽을 수 있었기 때문이죠. 즉, 문헌의 내용을 그리스어를 통해서 파악할 수 있었습니다. 그리고 그와 거의 같은 내용이 다른 문자로 쓰여진 또 다른 두 개의 버전이 나란히 놓여 있었던 것입니다.

샹폴리옹은 우선 한 가지 가설을 세웠습니다.

'상형문자 속에서 반복적으로 등장하는 타원형의 틀 안의 글자들은 왕의 이름일 것이다.'

그 타원형 틀을 이집트학자들은 '카르투쉬'라고 부릅니다.

샹폴리옹은 그 아래에 쓰인 그리스어 부분에서 이 타원형 틀에 대응하는 부분을 유심히 살펴봤습니다. 거기에는 당시 이집트의 파라오들이 사용하던 이름인 '프톨레마이오스'가 쓰여져 있었죠. 그래서 그는 이렇게 추론했습니다.

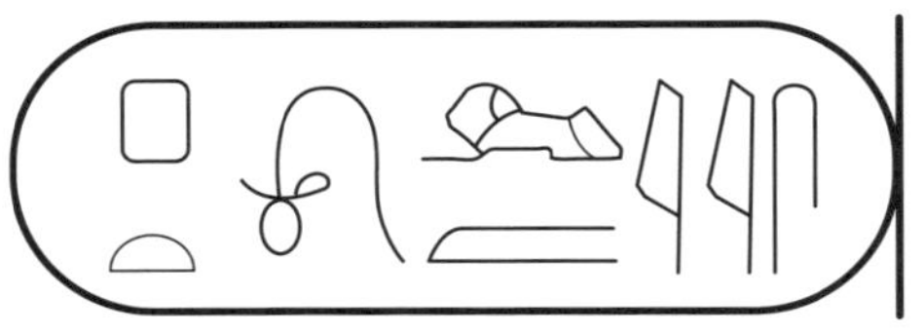

프톨레마이오스의 카르투쉬

클레오파트라의 카르투쉬

'이 카르투쉬 안에 있는 글자들은 프톨레마이오스의 이름을 옮겨 쓴 것이다.'

그렇게 글자를 하나씩 대응시키며 음가를 추적하기 시작했습니다. 이 과정을 통해 그는 '프톨레마이오스'라는 이름을 실제로 읽어내는 데 성공합니다.

그다음에는 또 다른 왕족의 이름을 찾았습니다. 이번엔 '클레오파트라'였죠. 이 두 이름을 비교하면서 공통된 글자들의 음가를 점점 더 많이 파악할 수 있었습니다. 예를 들어, 'P'나 'L', 'O' 같은 소리를 상형문자와 연결해 보기 시작한 것입니다. 샹폴리옹은 상형문자가 단순한 상징이 아니라 소리를 기록하는 문자, 즉 표음문자적인 성격을 갖고 있다는 걸 깨달았습니다. 이 발견은 엄청난 돌파구였습니다.

그 후 샹폴리옹은 한걸음 더 나아가 다른 유적에서도 비슷한 카르투쉬를 찾아냈습니다. 그 안에는 이렇게 쓰여있었습니다.

그는 앞의 원형 문양이 태양을 의미한다는 사실을 알고 있었습니다. 태양신의 이름은 바로 '라'였죠. 그래서 그는 이 이름을 이렇게 읽습니다.

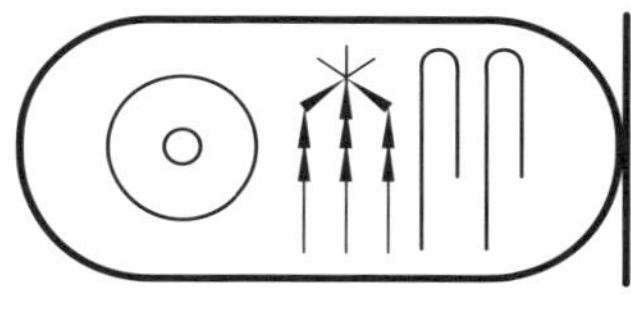

람세스 카르투쉬

즉, Ramesses(람세스).

그리고 그는 다시 다른 이름을 찾아 나섰죠. 비슷한 형태지만 맨 앞에 새 모양이 그려진 카르투쉬, 바로 따오기 모양의 신, 토트를 나타내는 것이었습니다. 그는 그 이름을 이렇게 읽어냈습니다.

마지막 퍼즐 조각은 그의 언어 지식에서 나왔습니다. 샹폴리옹은 콥트어, 즉 고대 이집트어의 후신이 되는 언어를 깊이 공부한 학자였습니다. 콥트어에서 '미즈'라는 단어는 '태어나다' 또는 '탄생하다'를 뜻합니다. 그래서 그는 이집트어 ms가 탄생과 관련이 있는 단어일 것으로 추정했습니다. 그리고 '람세스'와 '투트모스'의 이름을 이렇게 해석했죠.

드디어 고대의 이름들이 단순한 그림이 아니라 의미와 소리를 가진 언어로 되살아난 것입니다. 샹폴리옹의 연구는 1822년, ‘고대 이집트 문자 해독 보고서’로 발표되었고, 오늘날에는 이때를 고대 이집트 문자가 최초로 해독된 시점으로 삼고 있습니다.

그 후로 고대 이집트의 세계는 조용히, 그러나 빠르게 문을 열기 시작했습니다. 신과 무덤 벽의 상형문자들은 더 이상 침묵하지 않았고, 왕들의 목소리, 신들의 이름, 고대의 이야기들이 다시 인류의 언어로 돌아오게 된 것이죠. 그렇게 이집트학의 탄생은 나폴레옹의 군사 원정에서 시작해 샹폴리옹의 해독으로 완성되었습니다.

샹폴리옹의 음운표(《다시에르에게 보내는 편지》(1822), 런던 영국 박물관)

유물로 풀어가는 수수께끼

이번에는 '이집트 고고학의 아버지'라고 불리는 한 사람에 대해서 말씀을 드려보려고 합니다. 바로 '플린더스 페트리 Flinders Petrie'라는 학자인데요, 영국 출신의 고고학자인 그는 고대 이집트의 유물을 단순히 '수집'의 대상이 아니라 '연구'의 대상으로 바라본, 과학적 고고학의 개척자였습니다.

당시 대부분의 발굴가들은 유물 그 자체에만 관심이 있었습니다. 누가 먼저 발견했는지, 그리고 그 유물이 얼마나 귀한 것인지만을 따졌죠. 하지만 페트리는 달랐습니다. 그는 유물이 나온 맥락, 즉 어떤 층위, 어떤 위치에서 어떤 상태로 출토되었는지를 매우 중요하게 생각했습니다. 그래서 발굴 현장에서 유물이 발견된 정확한 위치와 상태에 대해서 아주 꼼꼼하게 기록을 했죠. 이것은 오늘날 고고학 발굴에 있어서 기본이라 할 수 있는 '발굴 일지'와 '층위 기록'의 시초였습니다.

그리고 또 한 가지, 페트리는 이전 연구자들이 거의 무시했던 '토기'에 주목했습니다. 그는 토기의 모양, 색깔, 장식이 시대마다 조금씩 달라진다는 점을 발견하고, 그것을 바탕으로 상대적 연대 측정법을 고안해 냈죠. 그 연대 측정법은 '같은 지역에서 나온 토기의 형태가 비슷하면, 토기가 만들어진 시기도 비슷할 것이다'라는 전제를 바탕으로 만들어졌습니다.

이 단순하지만 혁신적인 방법은 이집트 유적의 시간 순서를 정리하는 핵심 도구가 되었고, 지금도 현대 고고학에서 아주 조금만 업데이트된 상태로 사용되고 있습니다. 페트리의 업적 덕분에 고고학은 단

선왕조 시대의 토기들

플린더스 페트리

순히 '보물찾기'가 아니라 과학적이고 체계적인 학문으로 자리 잡게 됩니다. 페트리는 그야말로 고고학의 패러다임 전환을 이끌어 낸 인물이라고 할 수 있습니다.

이후 20세기 초, 이집트학은 또 한 번의 커다란 전환점을 맞이하게 됩니다. 바로 1922년, 투탕카멘 무덤의 발견이었죠. 영국의 고고학자 하워드 카터가 발굴한 이 무덤은 도굴되지 않은 상태로 남아있던, 거의 유일한 파라오의 왕묘였습니다. 이 발굴 소식은 당시에 막 발전하던 신문과 사진 매체를 통해 실시간으로 전 세계에 퍼져 나갔죠. 특히 해리 버튼Harry Burton이라는 사진가의 활약이 컸습니다. 그는 뉴욕 메트로 폴리탄 박물관 소속으로, 이탈리아에서 사진을 배운 매우 국제적인 인물이었습니다. 버튼이 남긴 투탕카멘 무덤의 사진들은 오늘날에도 여전히 고고학 사진의 교과서로 평가받습니다. 그의 렌즈를 통해 '시간이 멈춘 듯한 왕의 무덤'이 세상에 처음 공개된 것이었죠.

그로부터 약 20년 뒤, 1939년에는 프랑스의 고고학자 피에르 몽퇴가 타니스 지역에서 또 하나의 놀라운 발견을 합니다. 이번에도 도굴되지 않은 왕묘가 발굴된 것이었습니다. 21왕조와 22왕조 시대의 무덤이었죠. 하지만 제2차 세계대전으로 인해 이 소식은 세상에 널리 알려지지 못했습니다. 그래도 이때 출토된 유물들은 오늘날 카이로의 이집트 박물관Egyptian Museum의 가장 중요한 컬렉션으로 남아있습니다. 그 이후에도 이집트의 발굴은 멈추지 않았습니다. 지금 이 순간에도 발굴은 계속해서 이어지고 있습니다.

해리 버튼(1879~1940년)

고고학자들의 조사 대상에는 바닷속도 포함됩니다. 2000년에는 프랑스의 수중 고고학자 프랑크 고디오Franck Goddio가 지중해 연안에서 수몰된 도시 토니스 – 헤라클레이온Thonis Heracleion을 발견했습니다. 물속에 잠들어 있던 고대 항구도시가 약 2000년 만에 모습을 드러낸 순간이었죠.

그리고 2021년, 이집트 고고학 발굴단은 룩소르 서안에서 놀라운 유적을 발견했습니다. 기원전 1400년경, 신왕국 18왕조 시대의 도시 유적이었죠. 이것은 단순한 신전이 아니라, 사람들이 실제로 살았던 생활공간으로 보입니다. 이집트 고고학의 발굴이 주로 무덤이나 신전 중심이라고 할 수 있는데 반해 이 유적은 고대 이집트인들의 일상에 대해서 많은 것을 파악할 수 있게 해주는 아주 드물지만 귀중한 사례라고 할 수 있습니다.

2022년 8월에는 폴란드 발굴팀이 또 하나의 역사적 유적을 발견합니다. 태양신 라를 위한 신전이었죠. 이 신전은 5왕조와 6왕조 시기, 태양 신앙이 강화되던 시기에 건립된 것으로, 길이 60미터, 높이 약 20미터에 달하는 거대한 규모였습니다. 이 신전은 '아부 구로브Abu Ghurob'라는 지역에서 발견되었는데, 태양신 라만을 위해서 만들어진 신전입니다.

2025년 2월, 룩소르 서안의 왕들의 계곡 서쪽에서 이집트와 영국의 합동 발굴단이 전 세계의 이목을 끄는 놀라운 발굴 성과를 발표했습니다. 그들은 투트모스 2세(재위 기원전 1492~1479년)의 무덤이 발견되었다는 선언을 했습니다. 무덤은 왕들 계곡의 서쪽 지역에 발견되었습니다. 이곳은 신왕국 시대 왕실 공동묘지 구역이었죠. 그리고 새롭게 발견된 투트모스 2세의 왕묘는, 1922년 투탕카멘 무덤 발굴된 이후 왕들의 계곡에서 처음으로 새롭게 발견된 왕묘였습니다. 무덤 내부에는 왕의 이름이 새겨져 있지 않았지만, 함께 출토된 설화석고 단지(알라바스터 단지)에 새겨진 투트모스 2세의 이름과 무덤의 구조가 18왕조 초기 양식이라는 점이 결정적인 단서가 되었습니다. 학자들은 이런 단서들을 토대로 무덤이 바로 투트모스 2세의 묘라고 추정하게 된 것입니다.

투트모스 2세 부조(대이집트 박물관)

이집트학의 미래

이집트학의 이야기를 마무리하기 전에, 최근에 있었던 아주 반가운 소식 하나를 먼저 전해야 할 것 같습니다. 바로, '대이집트 박물관 Grand Egyptian Museum'의 개관 소식입니다. 2025년 11월 1일, 드디어 대이집트 박물관이 공식적으로 개관을 했죠.

이 박물관은 세계에서 가장 방대한 규모의 고대 이집트 전용 박물관일 뿐만 아니라, 시설적인 측면에 있어서도 세계에서 가장 훌륭한 박물관이라 할 수 있습니다. 당연히 이집트학 연구의 새로운 중심지, 그리고 앞으로의 연구를 이끌어갈 지식의 허브가 될 것으로 생각됩니다.

대이집트 박물관의 개관은 단순히 새로운 전시 공간이 생겼다는 의미를 넘어, 문화재 반환 운동에도 커다란 영향을 미치고 있습니다. 지금까지 해외로 반출되었던 수많은 이집트의 유물들, 그중에서도 이른바 '3대 약탈 문화재'라 불리는 것들이 있습니다. 공교롭게도, 영국, 독일, 프랑스에 각각 하나씩 있는데, 런던의 영국 박물관에 있는 로제타스톤과 베를린의 신박물관 Neues Museum의 네페르티티 두상, 그리고 파리 루브르박물관 Musée du Louvre의 '덴데라 황도대'가 바로 이 '3대 약탈 문화재'입니다.

과거 서구권 국가들은 '이집트는 보존 시설이 부족하다'라는 이유를 들어 유물 반환을 뒤로 미루었습니다. 하지만 이제는 상황이 완전히 달라졌죠. 이집트에 세계 어디에도 뒤지지 않는, 오히려 서구권의 주요 박물관보다 더 나은 최첨단 보존 환경과 전시 시설을 갖춘 박물관

대이집트 박물관의 중정

덴데라 황도대(파리 루브르 박물관)

네페르티티 두상(베를린 신박물관)

이 생겼기 때문이죠. 이제 유물들이 돌아갈 '훌륭한 집'이 마련된 셈입니다. 이집트 정부는 주요 약탈 문화재의 반환을 위해서 적극적인 노력을 기울이고 있습니다.

그리고 그 중심에 한 사람이 있습니다. 바로 현대 이집트학을 대표하는 인물, 자히 하와스Zahi Hawass입니다. 그는 한때 이집트 고고학 최고위원회 위원장, 그리고 고고부 장관을 지내기도 했을 뿐더러, 전 세계에서 가장 유명한 이집트 고고학자 중 한 명이죠. 수많은 TV 다큐멘터리와 대중 강연을 통해 이집트학을 대중에게 알린 '이집트 고고학의 얼굴'이라고도 할 수 있는 인물입니다. 하와스는 현재도 이집트 밖으로 반출된 주요 유물들의 반환 운동을 국제 사회에 강력하게 요구하고 있습니다. 또 세계적인 서명 캠페인을 이끌며 식민주의 시절의 잔재를 바로잡기 위한 상징적인 역할을 하고 있죠. 그의 노력은 단순한 유물 반환이 아니라, 역사를 되찾고 존엄을 회복하는 일이라고 할 수 있습니다.

저 역시 하와스 선생님을 2022년에 직접 뵌 적이 있습니다. 저에게 그는 어릴 적부터 존경하던, 이집트학의 '영웅'이자 '학문적 아버지' 같은 분이었습니다. 어린 시절, TV에서 그가 사막 속 유적을 발굴하던 모습을 보면서 '나도 언젠가 이집트를 연구하는 학자가 되어야겠다'라는 꿈을 꾸었는데, 그분을 실제로 만나 뵙고 인사를 드렸을 때의 감격은 지금도 잊을 수 없습니다.

이집트학은 단순히 고대 유물을 연구하는 학문이 아닙니다. 이 학문은 언어, 역사, 예술, 종교, 사회구조 등 고대 이집트 문명의 모든 면을 총체적으로 이해하려는 굉장한 지적 여정이라고 할 수 있습니

자히 하와스 선생님과 함께

(왼쪽부터) 어린 시절의 필자(에드푸의 호루스 신전에서), 고고학자가 된 필자(텔 무투비스 유적에서)

다. 그리고 그 여정은 단순한 '과거의 탐구'가 아니라, 지금의 인류가 자신을 돌아보는 길이기도 합니다.

오늘날 이집트학은 고고학과 언어학을 넘어서 첨단 과학기술과 결합하고 있습니다. 학자들은 미라를 CT 스캔으로 분석하고, DNA 연구를 통해 왕가의 혈통을 추적합니다. 또 위성 이미지를 이용해 사막 아래에 숨겨진 유적을 탐사하고, AI 기술로 고대 문자의 해독을 시도하죠. 이처럼 이집트학은 단순히 과거를 읽어내는 학문이 아니라 '첨단기술로 과거를 읽어내는 학문'으로 진화하고 있습니다.

고대 이집트는 단지 오래된 유산이 아니라, 현재에도 의미를 지니는 과거입니다. 그렇기 때문에 이집트학은 결국 과거를 통해 '우리가 어디에서 왔는가, 지금 어디에 서 있는가, 그리고 앞으로 어디로 가야 하는가'를 성찰하게 만드는 학문이라고 할 수 있습니다. 고대 이집트에 대한 탐구는 과거에 대한 탐구인 것 뿐만이 아니라, 인류가 현재의 자기 자신을 이해하려는 노력이기도 합니다. 요컨대, 이집트학은 우리를 비추어 보는 거울이자, 우리가 나아갈 길을 알려주는 나침판 역할을 할 수도 있을 것입니다. 앞으로도 이집트학자들은 조금이라도 더 정확하게, 더 깊이 있게 고대 이집트를 이해하기 위해 계속 노력할 것입니다. 그리고 여러분의 관심과 응원이 그들의 노력에 든든한 힘이 될 것이고요.

언젠가는 사막의 모래바람이 불고, 피라미드가 실제로 눈앞에 서 있는, 진짜 이집트에서 여러분들을 직접 뵙게 되기를 바랍니다. 지금까지 여러분들의 고대 이집트 길라잡이, 곽민수였습니다. 고맙습니다.

참고 문헌

- Baines, J. & Málek, J. (2000) Cultural atlas of ancient Egypt. Rev. ed. New York: Checkmark Books.

- Bard, K. A. (2015) An introduction to the archaeology of Ancient Egypt. Second edition. Chichester, England: Wiley Blackwell.

- Clayton, P. A. (2006) Chronicle of the pharaohs : the reign-by-reign record of the rulers and dynasties of ancient Egypt. London: Thames & Hudson.

- David, A. R. (1996) The pyramid builders of ancient Egypt : a modern investigation of pharaoh's workforce. London: Routledge.

- David, A. R. (1998) The ancient Egyptians : beliefs and practices. Rev. and expanded ed. Brighton: Sussex Academic Press.

- Dodson, A. (1992) Death after death in the Valley of the Kings.

- Dodson, A. (2021) The first pharaohs : their lives and afterlives. Cairo, Egypt ; The American University in Cairo Press.

- Dodson, A. (2022) The royal tombs of Ancient Egypt. Barnsley: Pen & Sword Archaeology.

- Dodson, A. (2022) Tutankhamun, King of Egypt : his life and afterlife. Cairo, Egypt ; The American University in Cairo Press.

- Dodson, A. & Hilton, D. (2010) The complete royal families of Ancient Egypt. London: Thames & Hudson.

- El Mahdy, C. (1989) Mummies, myth and magic in Ancient Egypt. London: Thames and Hudson.

- Hornung, E. (2019) History of ancient Egypt. Edinburgh: Edinburgh University Press.

- Lehner, M. (2008) The complete pyramids. London: Thames & Hudson.

- Lehner, M. & Hawass, Z. A. (2017) Giza and the pyramids. London: Thames & Hudson Ltd.

- Lesko, L. H. (ed.) (1994) Pharaoh's workers : the villagers of Deir el Medina. Ithaca ; Cornell University Press.

- Reeves, N. (2022) The complete Tutankhamun. Revised and expanded edition. London: Thames and Hudson.

- Reeves, N. & Wilkinson, R. H. (2008) The complete Valley of the Kings : tombs and treasures of Egypt's greatest Pharaohs. London: Thames & Hudson.

- Reid, D. M. (2015) Contesting antiquity in Egypt : archaeologies, museums & the struggle for identities from World War I to Nasser. Cairo: The American University in Cairo Press.

- Ryan, D. P. (2022) A year in the life of ancient Egypt : the real lives of the people who lived there. London: Michael O'Mara Books Limited.

- Shaw, I. (2000) The Oxford history of ancient Egypt. Oxford: Oxford University Press.

- Snape, S. (2014) The complete cities of ancient Egypt. London: Thames & Hudson.

- Tyldesley, J. A. (2005) Egypt : how a lost civilization was rediscovered. London: BBC Books.

- Tyldesley, J. A. (2006) Chronicle of the queens of Egypt : from early dynastic times to the death of Cleopatra. London: Thames & Hudson.

· Tyldesley, J. A. (2011) The Penguin book of myths & legends of ancient Egypt. London: Penguin.

· Verner, M. (2020) The pyramids : the archaeology and history of Egypt's iconic monuments. New and revised edition. Cairo, Egypt ; The American University in Cairo Press.

· Vernus, P. (2003) Affairs and scandals in ancient Egypt. Ithaca, N.Y. ; Cornell University Press.

· Wendrich, W. (2010) Egyptian archaeology. Oxford: Wiley-Blackwell.

· Wilkinson, R. H. (2008) Egyptology today. Cambridge: Cambridge University Press.

· Wilkinson, R. H. (2017) The complete gods and goddesses of ancient Egypt. London: Thames and Hudson.

· Wilkinson, T. (ed.) (2013) The rise and fall of ancient Egypt. Random House trade paperback edition. New York: Random House.

· 게이 로빈스. 2008. . 『이집트의 예술』. 강승일 옮김. 민음사.

· 곤도 지로. 2022. 『고대 이집트 해부도감』. 김소영 옮김. 더숲.

· 도널드 P. 라이언. 2019. 『이집트에서 24시간 살아보기』. 이정민 옮김. 매일경제신문사.

· 로베르 솔레. 2013. 『나폴레옹 이집트 원정기: 백과전서의 여행』. 이상빈 옮김. 아테네.

· 베르나데트 므뉘. 1999. 『람세스 2세』. 변지현 옮김. 시공사.

· 브라이언 페이건, 크리스토퍼 스카레. 2015. 『고대 문명의 이해』. 이청규 옮김. 사회평론 아카데미.

· 수지 호지. 2014. 『이집트 미술』. 서남희 옮김. 시공아트.

· 야로미르 말레크. 2003. 『이집트 미술』. 원형준 옮김. 한길아트.

· 장 베르쿠테. 1995. 『잊혀진 이집트를 찾아서』. 송숙자 옮김. 시공사.

· 장피에르 코르테지아니. 2011. 『피라미드-거대한 신화의 탐사』. 정승원 옮김. 시공사.

· 조이스 타일드슬레이. 2001. 『람세스, 이집트에서 가장 위대한 파라오』. 김훈 옮김. 가람기획.

· 존 베인스, 야로미르 말레크. 2011. 『사진과 지도로 보는 이집트 문명』 김성 옮김. 민음사.

· 키를 알드레드. 1996. 『이집트 문명과 예술』. 신복순 옮김. 대원사.

· 헤로도토스. 2016. 『역사』. 김봉철 옮김. 길.

· H. 프랑크포르트. 1996. 『고대 인간의 지적 모험』. 이성기 옮김. 대원사.

출처

1강

그림으로 옮긴 에스메트-에콤의 낙서

ⓒ Mickey Mystique / Wikimedia Commons (CC BY-SA 4.0)

https://commons.wikimedia.org/wiki/File:Graffito_of_Esmet-Akhom,_drawing,_01.png

콘스탄티누스 1세

ⓒ Jean-Christophe Benoist / Wikimedia Commons (CC BY-SA 3.0)

https://commons.wikimedia.org/wiki/File:Rome-Capitole-StatueConstantin.jpg

나르메르 팔레트 뒷면

ⓒ Quibell / Wikimedia Commons (CC BY-SA 4.0)

https://en.wikipedia.org/wiki/File:Narmer_Palette_recto.svg

게벨 엘-아라크 앞면. 야수들을 제압하는 모습

ⓒ ALFGRN / Flickr, Wikimedia Commons (CC BY-SA 2.0)

https://ko.wikipedia.org/wiki/%ED%8C%8C%EC%9D%BC:Gebel_el-Arak_Knife_ivory_handle_%28front_top_part_detail%29.jpg

게벨 엘-아라크 뒷면. 무리를 지어서 싸우는 모습

ⓒ Rama / Wikimedia Commons (CC BY-SA 3.0 FR)

https://commons.wikimedia.org/wiki/File:Bald-headed_attackers_armed_with_mace_and_knife,_against_unarmed_opponents_with_long_hair,_all_wearing_penile_sheaths,_on_the_Gebel_el-Arak_knife.jpg

게벨 엘-아라크 뒷면. 무기를 들고 싸우는 모습

ⓒ Rama / Wikimedia Commons (CC BY-SA 2.0 FR)

https://commons.wikimedia.org/wiki/File:Long-haired_man_using_a_knife_against_baton-wielding_enemies.jpg

게벨 엘-아라크 뒷면. 배를 타고 싸우는 장면

ⓒ Rama / Wikimedia Commons (CC BY-SA 2.0 FR)

https://commons.wikimedia.org/wiki/File:Bald-headed_warrior_towing_high-prowed_ship_on_the_Gebel_el-Arak_knife_(reconstitution).jpg

2강

카르나크 신전

ⓒ EBS <세계테마기행: 세상 어디에도 없는 이집트 - 지중해에서 룩소르까지>

7강

바 그림

© Jeff Dahl / Wikimedia Commons (CC BY-SA 4.0)

https://commons.wikimedia.org/wiki/File:Ba_bird.svg

아크

© Rémih / Wikimedia Commons (CC BY-SA 3.0)

https://commons.wikimedia.org/wiki/File:Medinet_Habu_Ramses_III19.JPG

미라 만드는 과정. 나트론으로 덮기, 붕대로 감기

© EBS <인류문명탐험 – 2부 사막위에 꽃을 피우다, 이집트 문명>

상처 봉합 흔적이 있는 미라

© Wellcome Collection / Wikimedia Commons (CC BY 4.0)

https://commons.wikimedia.org/wiki/File:James_H._Breasted,_%22The_Edwin_Smith_surgical_
papyrus%22_Wellcome_L0014712.jpg

8강

멕시코 치첸이트사의 엘 카스티요

© Daniel Schwen / Wikimedia Commons (CC BY-SA 4.0)

https://en.wikipedia.org/wiki/File:Chichen_Itza_3.jpg

멕시코 테오티우아칸의 태양의 피라미드

© Ralf Roletschek / Wikimedia Commons (GFDL 1.2)

https://commons.wikimedia.org/wiki/File:15-07-13-Teotihuacan-RalfR-WMA_0203.jpg

인도 간가이콘다 촐라푸람의 브리하디슈와라 사원

© Calvinkrishy / PawełMM / Wikimedia Commons (CC BY-SA 3.0)

https://commons.wikimedia.org/wiki/File:Gangaikonda_CholaPuram.JPG

인도네시아 중부 자바주의 수쿠 사원

© Anton Leddin / Wikimedia Commons (CC BY-SA 3.0)

https://commons.wikimedia.org/wiki/File:Candi_Sukuh_2007.JPG

캄보디아 코케르의 프라삿 톰 피라미드

© Thomaswanhoff / Wikimedia Commons (CC BY-SA 2.0)

https://commons.wikimedia.org/wiki/File:Koh_Ker_temple(2007).jpg

쾰른 대성당

© Gerlaxg / Wikimedia Commons (CC BY-SA 3.0)

https://commons.wikimedia.org/wiki/File:Kdom.jpg

9강

아마르나 시대의 다양한 식물과 과일

© Maksim Sokolov / maxergon.com (CC BY-SA 4.0)

https://commons.wikimedia.org/wiki/File:Relief_Amarna_Period.jpg

나무로 만들어진 투탕카멘의 두상

© Jean-Pierre Dalbéra / Wikimedia Commons (CC BY 2.0)

https://commons.wikimedia.org/wiki/File:T%C3%AAte_de_Tout%C3%A2nkhamon_enfant_
(mus%C3%A9e_du_Caire_Egypte).jpg

아이

© Rama / Wikimedia Commons (CC BY-SA 3.0 FR)

https://commons.wikimedia.org/wiki/File:Royal_couple-MAHG_12440-IMG_9577-detail.JPG

아멘 신에게 제물 드리는 호렘헤브

© Rémih / Wikimedia Commons (CC BY-SA 3.0)

https://commons.wikimedia.org/wiki/File:Karnak9.JPG

아서 메이스

© Unknown author / Wikimedia Commons (CC BY-SA 4.0)

https://commons.wikimedia.org/wiki/File:Arthur_Mace_working_in_Tutankhamun%27s_tomb,_1923_
(cropped).png

투탕카멘의 무덤에서 출토된 부장품들

© Claude Valette / Flickr / Wikimedia Commons (CC BY 2.0)

https://commons.wikimedia.org/wiki/File:Tutankhamun%E2%80%99s_Canopic_Coffin_2019b.jpg

© Thesupermat / Wikimedia Commons (CC BY-SA 4.0)

https://commons.wikimedia.org/wiki/File:Paris_-_Tout%C3%A2nkhamon,_le_Tr%C3%A9sor_du_
Pharaon_-_Eventail_dit_de_la_chasse_%C3%A0_l%27autruche_en_bois_dor%C3%A9_-_002.jpg

10강

카엠와세트

© Rob Koopman / Wikimedia Commons (CC BY-SA 2.0)

https://commons.wikimedia.org/wiki/File:Chaemwas_19d_son_of_Ramses_II_(5096631667).jpg

아비도스 왕명표

© Olaf Tausch / Hic et nunc / Wikimedia Commons / CC BY-SA 3.0

https://commons.wikimedia.org/wiki/File:Abydos_K%C3%B6nigsliste_stitched_1.jpg

곽민수의 다시 만난 고대문명(이집트)

1판 1쇄 발행   2026년 2월 11일
1판 2쇄 발행   2026년 3월 13일

저   자 | 곽민수
기   획 | EBS 제작팀
발 행 인 | 김길수
발 행 처 | ㈜영진닷컴
주   소 | ㈜08512 서울 금천구 디지털로9길 32
　　　　　　갑을그레이트밸리 B동 10층 ㈜영진닷컴
등   록 | 2007. 4. 27. 제16-4189호

©2026. ㈜영진닷컴

ISBN | 978-89-314-8108-2

YoungJin.com **Y.**
영진닷컴